靈明行道聖典　第壹輯

靈明法講授秘錄

靈明行道聖典第壹輯（靈明法講授祕錄）目次

第一卷　靈明行道聖宣

第二卷　靈明行道敎憲垂示

第三卷　靈明經

第六卷　古來の修行法論

第七卷　靈明修養法

第八巻　靈明法奥義

第九卷　靈明法の十階段

第九章　第八階段……八二
菫色境―第八靈線圖―靈明突起の消滅―靈明パン―靈明凹凸。
第十章　第九階段……八三
紫外境―第九靈線圖―靈明圖―靈妙不思議。
第十一章　第十階段……八四
白光境―第十靈線圖―靈明光―靈明光放射―六十三光―6+3=9―美の殿堂―眞善美―神人。
第十二章　靈明スペクトル……八五
物理學のスペクトル―分光器―色の配列―赤外線―紫外線―靈明色。

第十卷　靈明法極祕

第一章　莊嚴なる祕法……八六
準備的發素―齊戒沐浴―獨特の祕法―祕法の順序―敬虔。
第二章　靈明坐……八七

第十一卷　結　論

靈明法講授祕錄（終）

靈明行道聖典第壹輯

靈明法講授祕錄

靈明行道照元　木原鬼佛講述

靈明行道本部編纂

心靈哲學會發行

第壹巻　靈明行道聖宣

第一章　混沌たる現代思想

星羅の光芒

仰で大空を眺め俯して大地を觀る、噫、何たる不思議ぞや。日月の光明、星羅の光芒、悠々た

宇宙の理法

思想界の變調

四海騷然

慘たる修羅場

佛教

儒教

キリスト教

マホメット教

金光教

天理教

大本教

陰陽道

修驗道

大靈道

オイケン

ベルグソン

タゴール

ニーチエ

メーテルリング

トルストイ

る蒼穹に懸りて嚴然たり。眼《まなこ》をあげ、思ひを馳せて彼を見、此を考ふれば宇宙の大法、何ぞ夫れ雄《を》々しき哉。俯して野徑を視る、春來れば咲き冬來れば枯る、榮枯盛衰轉々として止まず。宇宙の理法、何ぞ夫れまた雄大なる哉。

然るに夫れ振古未曾有なる歐洲大戰役の影響を受け、今や世界を擧《あ》げて改造問題と生活問題とに忙殺せられ、或る者は勞働の本位と叫び、或る者は勞資の協調と聲をあげ、デモクラシーは唱道せられ、サンヂカリズムは謳歌せられ、クロポトキンは絶叫せられ、而してボルシユヴヰキ主義のプロバカンダは廣く思想界を風靡し、四海騷然、實《げ》に其の治まる所を知らざるなり。

惟ふに今や現代思潮の趨勢は、混沌として方物するに難く、輕薄淫靡の風勢は滔々として世界を襲ひ、趨歸する所は西か東か洋として知るに由なく、曜靈天に在れども黑雲空に漲りて、思想界は實に慘として一大修羅場と化せり。或ひは佛教あり或ひは儒教あり或ひは亦キリスト教ありマホメット教あり。金光教あり天理教あり大本教あり。大靈道に行く者、修驗道に入る者、陰陽道に迷ふ者、一々擧げて數ふべからず。オイケン、ベルグソン、タゴール、ニーチエー、メーテルリング、トルストイ。誠に日月の進轉、世界の推移は驅りて社會を混亂せしめ、人心の歸趨を迷はしむ。噫、思ひて茲に到れば吾人長大息せずんば非ず。

第二章　慘憺たる現實

地上三十億萬の生靈

想へば世は慘憺たる現實なるかな。誠や地上、三十億の生靈は日夜碌々として醉生夢死を是れ事とす。心猿飛び移る五慾の枝、意馬馳走す六塵の境、徒らに肉慾に耽りて何等爲す所なし、朝には酒池肉林に淫樂を事とし、夕べには高樓に亂倫を恥ぢず。哀れなるかな、哀れなるかな長眠の子、苦しいかな痛ましいかな狂醉の人、痛狂は醉ばざるを笑ひ、酷醉は覺者を嘲る。三界の狂人は狂せる事を知らず、四生の盲者は盲なることを訴らず、生れ、生れ、生れ、生れて生の始に暗く、死に、死に、死に、死に、死んで死の終に冥らし。

自然に歸れ

新希臘主義

況んや近時、『自然に歸れ』との新希臘主義《ネオヘンニズム》の聲いよ〳〵高く、物質文明の權威のみ高調せられ物質科學の萬能に心醉する者の續出するを思ふとき、余は轉々《うたゝ》寒心に耐へざるなり。

物質文明

物質文明の惡效果として人をして神經過敏に陥らしめ、ヒステリーと云ひ、メランコリーと云ひ、ヒポコンデリーと云ひ、血氣の青年を、擧げて意氣銷沈、薄志弱行、厭世悲觀の渦中に飜弄せらるゝもの、益々多きを加へ來る亦當然に非ずや。

哀れ、苟くも文明の子たるもの〻克く外界の壓迫に堪へ、物質文明の喧騷に反抗して克く冷靜

敗殘　人生の行路　スフヒンクスの謎　詠歎の神秘　人生の荒野

を保ち、身心の統一を圖るに非んば、文明の餘弊は具さに心身を擾亂して人をして、敗殘のどん底に陷らしめねば止まず。

實に世は慘憺たる現實なるかな。肉體の疾病に非ざれば靈魂の疾患、靈魂の痛症に非んば五體の病苦、哀れ地に群《むら》がる人の子は、人生の行路を旅する巡禮の道中にて病み苦しむ者の如く、縋るべき病院なく、接種すべきワクチンなく、合掌跪拜すべき光明なく、迷ひ迷ひて終ひにはスフヒンクスの謎にぶつかりて悶絶するであらう。

ああ、思ひ内《うち》に崩ほれて、祈りは形なさゞれど、人間の苦しみの止みがたき慟哭は、やがて咏歎の神秘へと沈む。泣き濡れし魂《たましひ》の愬へは神祕なる沈默には非ざれど、是れ正しく近代人の訴へし祈りの聲には非ざるか。肉に閉《と》ざゝれたる靈の歎きも、いつかは一度この嚴肅なる人生の荒野に佇づむ。

第三章　靈明行道の威光

迷へる人よ　アンゼルスの鐘の響

さあれ、迷へる人よ、惱める者よ。今この踏路の一角に合掌祈禱の靜けさ、アンゼルスの鐘の響くを聞け。

暗中の燈火

そこには科學を葬むり、宗敎を超《こ》へ、哲學を冷笑する鐘の音《ね》が鳴り響くならむ世は暗黒なり。されど今こそ玆に一點の燈火が點ぜられたり、そは正しく我が靈明行道なれ。雄渾壯大なる靈明行道の敎えこそ、現代世民を救ふに非ずんば他に亦何をか得んや。然り而して此の靈明行道こそ迷へる者の胸に犇々《ひし〱》と響くシンボーニーなり。

第四章　靈明行道の意義

靈明行道とは何ぞや

靈明「道」の字義

然らば靈明行道とは何ぞや。『靈明』の意義は第三輯（靈明學）に讓り、靈明行道の大略の概意を説示せむ。

抑も〱『道』とは何ぞや。道は言葉《ことは》なり。また體靈《みち》、右左《みち》、陰陽《みち》、一ー《みち》にして卽ち十《みち》なり。また『道』の『首』は『ハジメ』にして、『辶』は『之』にして『死』に通じ且つ『終』に通ず。依りて『道』は『始終』にして、また『無始無終』なり、『無限至大』なり、『幽現一致』なり、『靈俗一如』なり、『天地の大理法』なり。

故に靈明行道とは、『靈』の照破に依りて究められたる宇宙人生の大理法なり。

一大聖敎

靈明行道の垂示する所の敎へは、宇内萬有、唯一無比の一大聖敎として、能く世界に向ひ大ゐ

崇高幽玄

に誇とするに足る。克く得て之を究むれば、いよ〳〵高く、いよ〳〵深く、いよ〳〵遠く、いよ〳〵廣く、其の崇高幽玄にして雄渾壯大なる、知らず識らずの間に、無限の靈に觸感するを覺ゆるなり。

哲學　宗敎　心理　倫理　靈能の術　大自在力

今それ哲學として之を究めんか哲學の極致を示し、世界列國の哲學を包含して餘りあると共に夙に之を綜合統一して遙かに卓絶せり。今また宗敎として之を究めんか、宗敎の極致を示し古今東西の宗敎を包含して餘りあると共に、夙に之を綜合統一して遙かに卓絶せり。今また心理として之を究めんか、世界列國の心理を包含して而も卓絶せり。倫理道德として之を究めんか、其の根本義を明かにし權威赫灼、神德穆、當るべからす、冐すべからず。靈能の術として之を究めんか、宇宙を左右し得るの大自在力を得べし。靈明行道の雄大なる事それ將に斯くの如し。

靈明行道の三面

然り而して靈明行道には、靈明法、靈明術、靈明學の三面あり。靈明法に於ては自己修養法とも云ふべき敎憲を授け、靈明術に於ては大自在術としての靈能獲得、通力の法を敎へ、靈明學に於ては宗敎、哲學とも稱すべき甚深なる敎理を說かんとす。

善き哉

今や諸子は、我が門下に參じて此の敎へを受けんとす、善なるかな、夫れ、善なる哉。

第二巻　靈明行道教憲垂示

第壹章　靈明行道教憲棄示

今や諸子は我が門に入り、親しく我が靈明法の教へを受けんとす。玆に於てか先づ知れ、我が靈明行道には大ゐなる教憲ある事を。我れ今、左に之を垂示し以つて授けむとす。諸子能く之を尊奉して、之を體得せられよ。

十個條の教憲　第一條　一、常ニ靈明ヲ信奉シ眞元ヲ崇敬シ而シテ以テ常ニ靈明符ヲ尊拜セヨ。

第二條　二、常ニ靈明經ヲ拜誦シ以テ怠リナカルベシ。

第三條　三、常ニ靈明帶ヲ奉着シテ以テ邪氣ノ襲害ヲ防ゲ。

第四條　四、常ニ照元ヲ敬ヒ以テ靈光ニ浴スルコトヲ忘レザレ。

第五條　五、常ニ皇室ヲ尊ミ以テ國家ヲ重ンズベシ。

第六條 六、常ニ祖先ヲ敬ヒ以テ一家ヲ忘レザルニ努メヨ。

第七條 七、常ニ衆ヲ愛シ生物ヲ慈ミ以テ萬物ニ大愛ヲ施セ。

第八條 八、常ニ毀譽褒貶ヲ超絶シテ以テ利害得失ニ迷ハザレ。

第九條 九、常ニ心身ヲ天地ノ行動ト一致セシメ以テ雄大不屈ノ精神ニテ人生ノ行路ヲ猛進スヘシ。

第十條 十、常ニ靈能ヲ養ヒ靈明通力ヲ體現シテ以テ之ヲ正義ノ道ニ施セ。

以　上

明治三十八年三月十八日

以上は卽ち靈明行道敎憲の全文なり。

一度び靈明行道に入門したる者は、先づ此の十個條の敎憲を奉體せざるべからず。

此の靈詔の深意は、本講義の進むにつれて追々と理解するに到るべき筈なれども、玆に大略その概意の存する所を略述し置かん。

靈明　眞元　靈明符

先づ第一條に於て、靈明とは何ぞや眞元とは何ぞ。靈明とは宇宙の本體、眞元とは其の根元にして、共に靈明行道の本尊とも稱すべきものなり。靈明符とは天下無比、意味深遠の神符にして其の奉製法は後卷に之を述ぶ。

靈明經

第二條に於て、靈明經とは、渾雄なる天下無双の神聖なる經典にして、之れ亦後卷に於て述ぶべし。

靈明帶

第三條に所謂靈明帶とは、惡魔降伏七福卽生の一種の腹帶にして、之が製法等も後卷に於て說く。

照元

第四條に於て、照元とは靈明行道の肇祖の謂にして卽ち木原鬼佛の事なり。照元と靈明經と靈明（或ひは眞元）とを三靈と云ふ、なほ佛敎に於ける佛、法、僧の三寶の如き關係あり。照元を敬ふは軈て靈明經を敬ふの元となり、靈明經を敬ふは軈て眞元を敬ふ事になる。靈明行道に入らんとする者は先づ照元を敬はざる可らず。而も照元とは之を廣義に解すれば靈明行道入門者全部の事なり。故に照元を敬ふとは入門者各自が尊敬し合ふ事にもなる。

三寶と三靈

靈悟照觀

第五條より第六條までの意義は、甚だ深遠にして文筆を以て說明する能はず。よろしく之を靈悟照觀すべし。

第三卷　靈明經

第一章　靈明經の由來

天下無双の經典たる我が聖なる靈明經とは、果して如何なるものであるか、且つ其の由來は如何。

觀念の道場
玲瓏たる靈光

抑も此の靈明經は、照元が曾て靈明行道を開かむが爲め、觀念の道場に於て日夜修行中、一夜、忽然として玲瓏たる靈覺に打たれ、靈明に感觸し、眞元の靈光に打たれたり。

靈明の聲

其の時、空に靈明の聲あり。朗かに靈告して曰く、『木原よ、善なるかな木原よ、汝それ能く聞け。今茲に天下無双の神聖なる一大經典あり、名づけて之れを靈明經と云ふ。我れ今これを汝に授く、汝それを以て靈明行道を大成し、亂倫見るに堪えざる現代世界の民衆を救へ、』と。

阿彌陀經
バイブル
華嚴經
法華經
宗教の諸經典と靈明經

斯くの如く靈告せられて得たるもの卽ち此の靈明經なり。阿彌陀經何物ぞ、バイブル何物ぞ、華嚴經何物ぞ、法華經何物ぞ、聖なる靈明經に比ぶれば白晝の燈火に等しく、其の内容の甚深なる、其の文の森嚴なる、よしや其の文は短しと云へども、超然として他の諸宗教の有らゆる諸經典の上に冠たり。

第二章　靈明經の本文

然らば其の靈明經とは如何。いよ〱左に其の本文を垂示せんとす、諸子、それ能く謹んで此の嚴肅なる一大聖典を拜せよ。

アアアアア。ランマン、シチリヤナ。カラ、カンカン、ツルセヨカ。ラーン、ラーン、タクヨーリ。ネルメーカ、リーク、マン、マン、マン、マン。

リーン、リーン、チケヤール。ノレモーキ、ルーケ、ロキノリヤ。ヂヤツキシト、タチホノミ、ミヤマモーリバナターチ。ニシノーク、オソムイケ、テンフーエ、ノーリ、マン、カラ、カンカンカン。ヒスイーミ、ロント、バラシキ、バラ、バラ、コン。スモール、スモール、ノンタリエ、シヤシチ、ザンバラ、パクノリジヤ。ズンガラ、バラミン、ジヤキバンク。ヒラビン、パラビラ、ショキヤナンヤ。ダレミセ、センダン、サラバキラマンダ。キヤラバン、ベイキヤ、シチリヤナ。ボンキヤ、バランシヤ、ノリマンシエー。テラマン、ノーリ、キナルクエ、ウラ、ウラ、ウーン、ウーン、ム、ムム、ムー。

以上が靈明經の全文である。何ぞ夫れ森嚴なることよ。是を奉誦するときは、自ら無限の靈光に打たるが如く覺ゆ。

第三章　靈明ダラニ

眞言ダラニと靈明ダラニ

右に掲げたる靈明經は、又一名これを靈明ダラニとも稱すべし。ダラニと云へば眞言密教等の宗教にもダラニあり。所謂眞言ダラニ其れなり。眞言ダラニと靈明ダラニ、同じくダラニなれども同類と思はゞ大ゐなる誤りなり。其の句調が一見、眞言等のダラニに似たるが故に假に、之を靈明ダラニと名づけたる迄にして、其の内容は全然異るものと思ふべし。

靈明經と云ひ、靈明ダラニと云ふ。之を以て之を見れば、一見、靈明行道は一種の宗教にあらずやと思ふ者あらば、そは又、大なる誤謬なり。靈明行道に經典ありダラニあるを以て直ちに宗教と思ふ事なかれ。靈明行道は宗教にあらず、而も有らゆる宗教を包含し綜合統一して遙かに之に卓絶せるものなり。

枯木に花を咲かす死者を甦らしむ靈明ダラニと奇蹟

最後に靈明ダラニの効德を說かん。人、一度び、これを奉誦する時は枯木に花を咲し、死者を甦らしめ、其の他、第二輯『靈明術』に於て述べんとする有らゆる奇蹟、通力を自由自在になす事を得るものなり。其の德や、實に大なりと云ふべし。

第四卷　靈明法の意義

第壹章　靈明法の意義

明

愈々本卷に於ては靈明法の意義をば明らかにせんとす。吾人の精神の種々なる作用をば『明』と稱す、

靈

而して其の明の根本を『靈』とは名づくるなり。而して更らに其の基本的大本體を稱して

眞元

『眞元』と呼ぶ。

還元同化

即ち吾人の精神の種々作用たる『明』をして『靈』に歸入せしめ、更らに『眞元』に還元同化

せしむるの法。これを稱して靈明法と云ふ。

眞元の意義、靈の意義、明の意義、は是れ余の最も力說せんとする所であるが、甚深壯大なる此れ等の意義は今茲で論じても靈明法に對する何等の準備的修養を未だ終へてゐない、諸子には容易に其の意義を解し得ないと思ふから、其の詳細は之を第三輯。靈明學の部門に讓り、茲には單に靈明につきて唯その一部的の說述を試みる事にする。

靈明とは何ぞや
眞元より發する息氣

抑々『靈明』とは何ぞや。先づ明とは吾人が活動の根元をば主宰統一する靈の事であつて、靈とは宇宙萬有を統一主宰する眞元より發する息氣、卽ち靈氣の一波動一分子を云ふなり。（第一圖を參照せよ）。而して、此の靈は總べての物質、總べての言行の根元中樞となるものにして、此の靈の限りなき多數の集合團結によりて始めて精神と云ひ、物質と稱するもの丶根元たる明を生ずるなり。尙ほ因みに、圖に於て明は星の形狀をなす、依つて是れを靈星とも云ふ。又、靈星中の靈、卽ち無數の微粒子をば靈明微粒子と云ふ。

靈の限りなき集團
精神界物質界
靈星
靈明微粒子

靈は又、自ら進み展るの性あり。又進み展りて凝結するの性あり。進み展り凝結すると共に其等をも統一主宰する所の性質もあり。この進み展るの性質を靈の『進展性』と呼び、凝結するの性質を、靈の『凝結性』と稱し、統一主宰するの性質を、靈の『統宰性』と言ふのである。

靈の進展性
靈の凝固性
靈の統宰性

其の他、霊には『震動性』、『放射性』、『透滲性』、『透熱性』、『飛動性』、『爆發性』の面白き性

第一圖

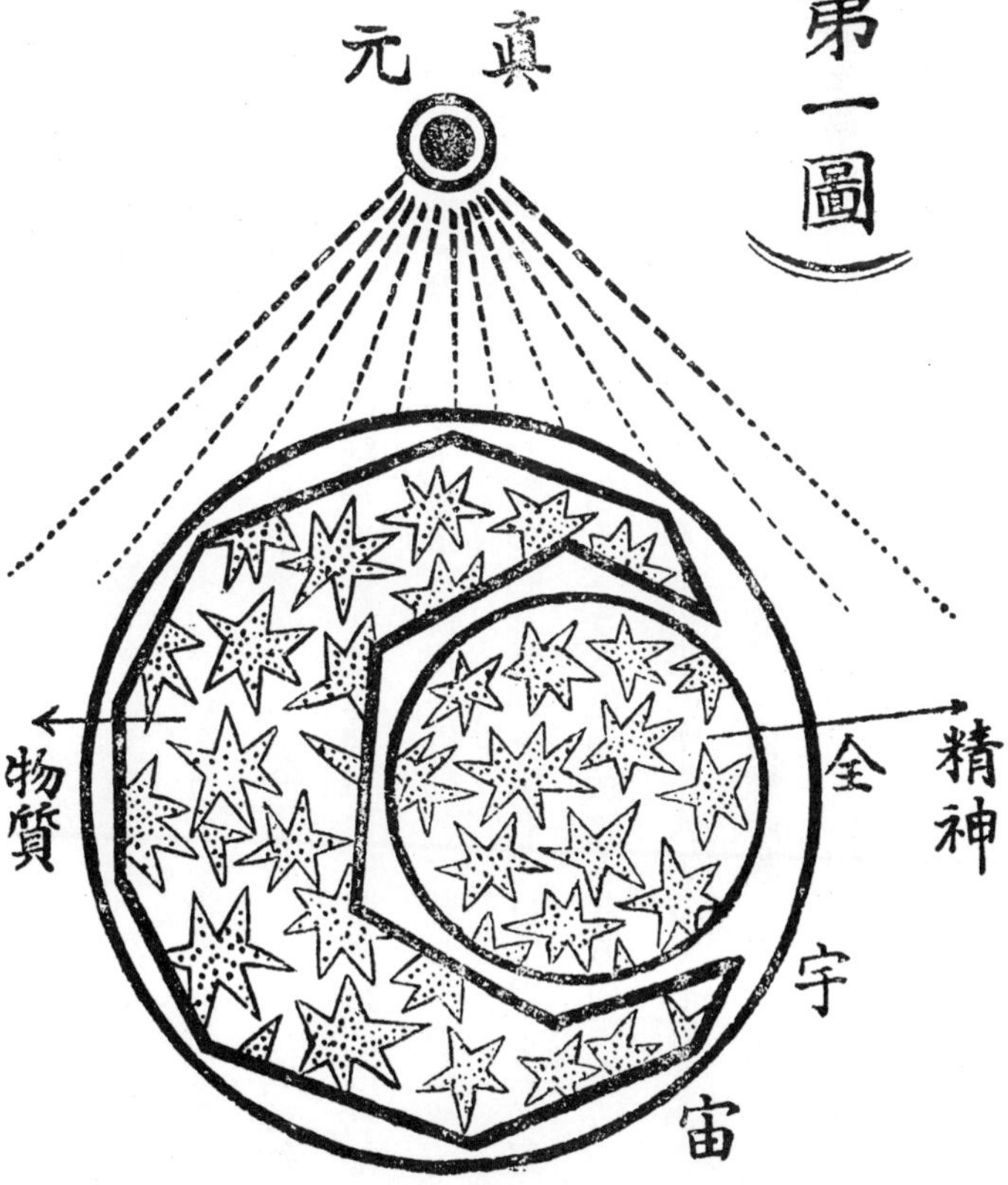

☆ハスベテ明ニシテ其ノ中ノ微粒分子ハ靈ナリ

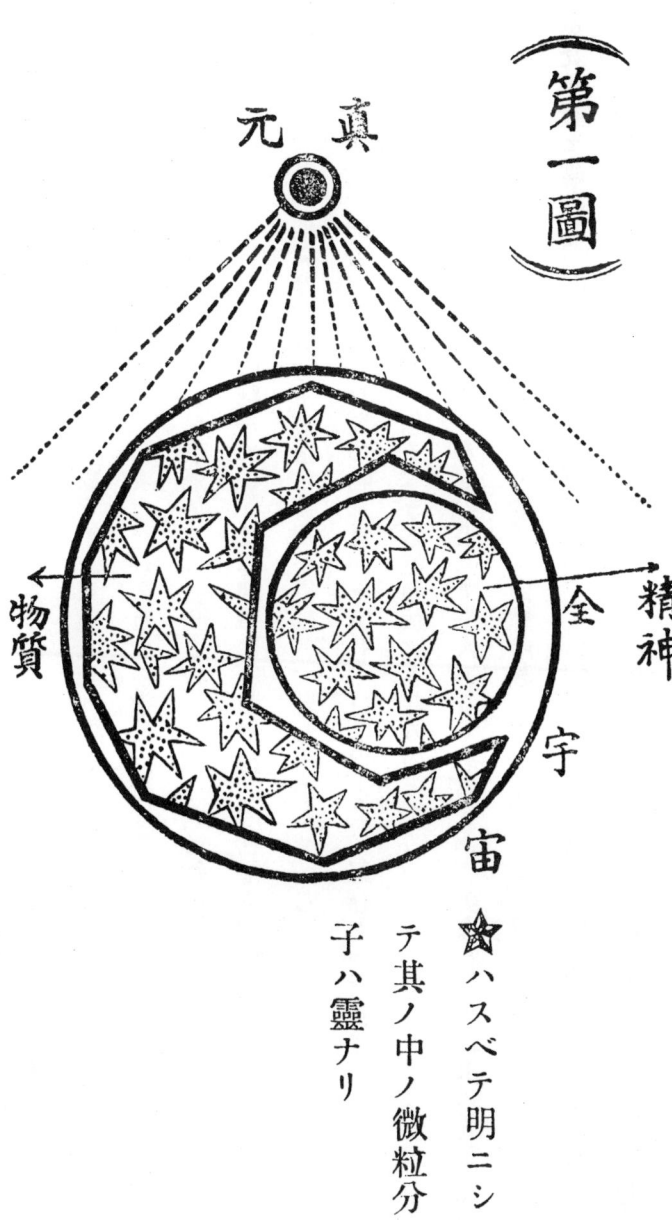

靈の震動性

質もあれど、之れ等の事に就ては第三輯に譲る。

靈の放射性

靈の透慘性

靈の透熱性

靈の飛動性

靈の爆發性

兎に角、今は進展性と凝固性と、統宰性とに就て述べんに、若し今、其の統宰性の缺くることある時は、各集合團結せる靈それ自身は己が天性たる進展、凝固等の作用を爲すが故に、各靈各個の運動を開始して忽ちの中に發散離放するに到るのである。其の性を具へたる吾人々類の心身も亦これに等しく、みな明の統一によりて心理學に所謂知情意の意識や、生理學に所謂五感器、及び内臓、其の他諸器關等をも完全に使用し得れど、若し明が不統一ならば各器關は各自放從なる働きに走る。即ち、目は好む所の物を見んと欲し、口は胃と共に好むものを食はんとするが如き其の一例であつて、これ軈て恐るべき本能の跋扈となるのである。

本能と靈明

靈明の不統一の犯罪行爲

思ふに、如上の明の統一完全なるもの果して幾人あるであらうか。美人を見れば其の艶なる姿に見惚れてラブレターを書き度くなり軈ては肉慾の巷に走り、酒の臭を嗅ひではアルコホルの刺戟に小鼻を動かし、終ひには紅燈綠酒に惑溺するに到る。以上、述べ去り述べ來りて之を考ふれば、世に明の不統一ほど恐ろしいものは他に又ないではないか。日に月に吾人が新聞紙上、社會欄にて見る戰慄すべき幾多の犯罪行爲は皆これに基づくのである。

今茲に、最も完全に明の統一せる狀態に吾人の心身を導くの方法がある。これぞ正しく靈明法

靈明作用

とは稱するなり。此の狀態に於ては如何なる事に當るも、成して遂げ得ざるはなく、思つて到らざる事なきものにして、其の行ひて成し遂ぐるの作用、思ひて其所に到らしむるの作用を『靈明作用』といふ。

第五卷　靈明的健康論

第一章　國家と健康

國家競爭の活舞臺
亡國の悲運
文化のアデン
榮華の羅馬
モーガル帝國

一國の富强は其の國民の活動力に由來し、國民の元氣は各個人の健康に基くのである。然して心身虚弱にして優柔不斷なる國民は、國家の競爭の活舞臺に立つて其の優勝者たる事は出來ないのみならず、終には亡國の悲運に陷るに至る。彼の二千年前の當時に在つて文化の精を誇つた。雅典《アデン》が野蠻人のために亡され、又ローマは榮華の夢に耽つて西歐未開の人種に征服され、一時モーガル帝國が中部アジアに覇を唱へしも、蕞爾たる東印度商社の英人に蹂躙せられ、ポウランドの三國に分割せられしも其原因は皆な國民の活動力に乏しくして、完全なる國家的生存を全ふする事が出來なかつたからである。是等の事例は國家道德の批判に從へば優勝者の行動は決して之

適者生存

を稱讃す可きてはないが、其の生存の活力を失つたものは大に之を非難せなければならぬ。適者生存が生物界の理法なりとせば活動力なき國家の亡ぶるは亦是を如何ともする事が出來ないのである。故に國民は各自其の心身を强健にして其の元氣を養ひ、如何なる險難をも之を突破す可く、如何なる迫害も之を擊退す可き覺悟を要するのである。如何に明晰なる頭腦を有して居ても、强健なる其の體軀を有せなかつたならば、其の事業の成功を見ない中に斃れなければならぬ。是れ小にしては一個人の不幸のみならず、大にしては實に國家の損失と云はねばならぬ。されば國民は常時不斷心身の鍛練に力め、以つて充分なる活動力を養成せなければならぬのである。

險難を突破す

我邦の國勢は如何と云ふに日淸、日露の二大戰役に於て、優勝者として一躍一等國の班に列して臺灣、樺太を我に收め朝鮮を併合し、滿蒙の利權を獲得したるのである。是れ實に振古の大偉業であつて、日東櫻花國の武威八紘に輝き我國民は初めて意義ある生活に入る事を得たのである。然して明治は大正となりて今や歐洲の大戰亂其の及ぶ所、世界に普く皆國力の根底を養ふに急なり、我邦亦其戰亂の渦中に投じて等しく文明の餘殃を受く、國民の奮發努力以つて國家の興隆に資する今日より急なるはなく。國家富强の基礎は國民の元氣に依り、其の身體の强健と旺盛とは一國興隆の基源たるものなれば、健康を重んじ天壽を尊び以つて體力の强健と元氣の旺盛とを圖らざる可らず。

文明の趨勢

然るに文明の趨勢と世運の發達とは、屢々國民の體力を破壞して、其元氣を消耗するの傾向あ

擧世滔々

りて、擧世滔々文明の患害に惱み、國運を阻害して悟る所なし、是れ實に吾人の慨歎に堪へざる所である。今日にして國民は覺醒して。各自心身の强健を圖りて元氣を養成し、以つて國家競爭に於ける優者たる事を期せねばならぬのである。

第二章　我國と健康

優勝劣敗

適者生存と云ひ、優勝劣敗と云ふ事が文明の原則とすれば、心身强健に注意するものは優勝者となりて、繁榮して生存し得る事が出來る。之に反して心身の强健を忽せにする人は、劣敗に陷り遂に滅亡する筈である。國民としても又國家としても心身の强健に意を用ゐるものは强盛にな

身體の鍛練

精神の鍛練

り、それを蔑らにするものは衰弱すると云ふ事は自然の結果である。明治以前にあつては身體の練磨を眼目とし、精神の鍛練を奬勵し武術百般を以つて心身の鍛練に供して居た。然るに今日我邦の學校に於ける敎育の方針は、大に是に反して德育に關する事は絕對に駄目になつた。又體育には僅かに體操を以て之に當てゝゐる。而かも高等學校以上には之を課せないので、全く形式と

なつて了つた。昔時封建の世にあつては假令頑冥なる思想に囚はれ居たりしとは云へ、奉公犧牲、信義道德の念に至つては非常に强くあつた。且つ武術なるものが彼等が唯一の奉公資格であつたから一生之を廢さなかつたのである。故に自然に心身の鍛練は一生之を行ふた譯であるから、從つて元氣旺盛、一朝事あるの日は活潑々地の行動を執る事を得たのであつた。然るに今日の如く跛行的敎育に養成されたるのは、到底國家の大難事に當つて立派に之を處置して行く事は六ヶ敷いのである。

頑冥なる思想

元氣旺盛活潑々地

又我國民の風習として齡旣に五十歲に達すれば一人前のこと足れりと云ふので、殊に六十には隱居するのが普通の樣になつてしまつた。歐米人は之に反して七十、八十の聲を聞くも體力の續く限りに必ず仕事をやつてゐるのである。之全く幼少の時より常に郊外散步とか、室內體操とかの運動を行つて體力を鍛練して居るからである。歐米の婦人は亦常に體育に注意して居る事は大したものであつて、我邦の婦人の樣に家に許り引き込んで居るのを、婦德高きものと稱するのとは實に雲泥の差である。彼の歐米人の觀念としては人は生存して居る以上、毎日適當の運動をなす事と定めて居る。否人は働かざれば生存の價値なしと思惟して居る。然して彼等は働く事が決して苦痛ではなく、寧ろ愉快として居るのである。

隱居

勞働の快感

早老

人口減少

國際法

我邦では種々なる事情のために世の中に出る年齢が遲い、西洋では二十一二歳には旣にカレッヂを卒へて一人前として働いて居るが、日本では二十五六歳に達せないと大學を出る事は六ヶ敷い、それから又前にも述べた樣に我國には早老の弊があるから、日本人は一生を通じて西洋人に比し其三分の二か、甚しきは半分位しか働く年月はないと云ふ有樣である。是等は其國の習慣とは云へ、畢竟するに彼我體質の相異が其主なる原因である。殊に近時我國の壯丁の體格が虛弱に流れて行く事は、看過すべからざる重大問題と云はねばならぬ。フランスは人口減少に加ふるに國民の體質が虛弱に赴きつゝあるを以て有識者の大いに憂慮する所であるが、我國では人口こそ增加すれ體質が虛弱になつて來ては矢張駄目である。吾人は元より洋風心醉者ではない併しながら事實は事實として之を述ぶべく、學ぶべき所は之を採用せねばならぬ。只歐米人は義務的精神が強いのと、事に當つて忠實な點と、加ふるに常に健康增進を念頭において居る事である。其他の方面に於ては實に唾棄すべき、野卑な根生はあるけれども以上の美點があるために、事業の上に於て成績優秀であつて、從つて國家競爭の優者たる事を得るのである。國際法は何うの同盟條約が斯うのと云つたつて、實力がなければ徒らに空文字に終つてしまふのである。千百の理屈があつたつて武器には抵抗する事が出來ない。私人の權利は國家の權力を以て之を保證してあるが、

權利侵害

國家間の權利侵害に關しては之を批判すべき機關はないのである。故に各國は所謂平和の競爭に於て常に有利の地位につくべく奮鬪努力して居る。故に我國民は世界の大勢に後れざらんがため先づ心身の强健を圖て國家活動の原動力とならねばならぬ。

第三章　國民の體格

模倣的文明

我國は維新の當時歐米の文物制度を模倣するに急であつたから、從つて國民一般は歐米的知識を有する事のみを重んじ、敎育は只だ智的のみに偏重し、德育、體育の如きは又省みるの暇がなかつた。然して我邦に行はれて居つた事は、凡べて價値なしとして捨てられた。故に維新以前に於て國民の健康を維持して居つた事も、同時に一切行はれぬ樣になつたのである。然るに又日淸、日露の兩大戰役に於て連戰連勝の結果、國民の驕慢心が强くなつたに加へて、戰時に於ける經濟の大膨脹は戰後俄然として其用途を失つたからして、國民の驕慢心は此の膨脹せる大經濟其實は

幻影の奢侈

大部分幻影の如き大經濟に煽られて、奢侈贅澤の度が非常に急劇に增長して、裏長屋の細君でも銘仙の着物でなければ、人前に恥かしいと云ふ樣になつた。然るに其幻影的經濟は又俄然消散して國民は今日共に財政難の窮境に陷つたにも係はらず、國民の驕慢心は尙ほ未だ盛んであつて贅

澤品の賣行きは依然衰へず、國民を遊惰放蕩に導くべき各種の營業の如きも、以前より一層繁昌しつゝあるは是れ實に憂ふべき事である。然して國民の遊惰放恣と云ふ事は、國家全體に至大の惡影響を與ふるのみならず、直接に各人各家に對して亦大なる不幸を來たし、所謂生活難なる深刻なる惡影響を受けたのである。

遊惰放恣

深刻なる惡影響

顧みれば明治維新以前には、精神教育に儒教を以て克己心の練磨を奬勵し、又體育には武術即ち擊劍、槍術、柔術、弓術、馬術、水泳等に至るまで盛んに行はれたから遊惰放恣に陷る事を防ぐと共に體育上にも行き屆いて居つた。此儒教主義及び武術は今日の學校の修身や體操とは大いに異なつて、今日の學科と云ふものは學生たり、生徒たる間のみに學習すれば良いので、學校を卒業すれば、餘り注意せぬでも可いものとせられ、殊に體操に於て甚だしいのである。然るに舊幕時代の儒教なり武術なりと云ふものは、其人一代の間、即ち隱居せぬ間は常に練磨すべきものとせられた、故に精神の修養も身體の鍛練も、自然一代中行き屆いて居つたのである。今日の人が舊幕時代の武士を想像する時には、勇壯なる精神と剛健なる身體とを思ひ浮べるのは、實に七百年間武士の覺悟、即ち不斷なる精神の修養と、一生努めて怠らぬ身體鍛練の賜である。然るに明治維新後は百事が一變して、儒教は全く採るに足らぬものとせられ、武術とは野蠻人か或は軍

儒教主義

人でなければ學ぶに及ばぬものとせられて、世人は一意專心に西洋の智識的文明のみを輸入するに忙殺せられ、學校教育は理論に於てこそ智育、體育、德育と立てられて居るけれども、其の實際行ふ所は單に智育一偏に傾いて居つたのである。

然して西洋の文明は歐米人の偉大なる身體に發達した精神の花である。歐米人が體育を重んじ身體の鍛練に篤實なる事は前章に述べた如くであつた、恰も我維新前の武術を勵んだと同樣である。吾人は平常の心掛に於て精神の修養と身體の鍛練とを勉め、一生を通じて是れを怠らぬ樣にすると云ふ事が必要であつて、我國に於ける維新以後の如く、身體の鍛練などは毫も念頭に置かず、又殆んど是れを實行せぬと云ふ事は過度時代に於ては已むを得ぬ次第である。けれ共若しこれが永續したならば、其結果は實に恐るべきものであつて、西洋の文明を充分に理解する事も出來ず、又今日の人か經營した事業をも、子孫はこれを繼《つ》ぐ事も、或はこれを維持する事が出來ないと云ふ樣な、不祥な狀態に陷らないと斷言する事は困難である。

今日何が急務だといつても、我國人の體質の改造ほど急務を要する事はないのである。

第四章　體力改造の効果

強健の體力は不屈剛毅なり

體力がよく發達するときは、如何なる困難や逆境にも耐《た》ゆることが出來る。所謂不屈不撓は體力の强壯なる場合に起るのである。また如何なる困難に逢ふても、必ず之を遂げねば止まぬと云ふ剛毅の精神も、體力と共に湧いて出てくるものである。この不屈と剛毅の精神とは處世上に於て最も肝要な事であるが、その由來は簡易生活からする、簡易生活であれば人は素朴となり剛毅となり而して又不屈となる。もし之に反して生活が向上して其の度を超える時は、遊惰安逸となり、體力は劣等となり、意氣銷沈し、難を避け易きに就かんとし、人心は萎靡して救ふ事が出來なくなる。封建時代には種々なる弊害なきに非ざりしも、遊惰の風を避くるに注意し、簡易生活の風を養ふた事はその一長所である。故に難に臨む時は怖るべき力を生じ、敢爲の氣象を發するのである。維新の大業が成つたのも、此の簡易に養はれた體力の賜と云ふ事が出來る。

封建時代に於ては、病氣に罹る事を以て卑怯の如く見做し、病氣だからと云つて戰場より歸つた者はなかつた。病床に斃れるよりも、むしろ、戰場に於て花々しき最後を遂ぐるを以つて譽《ほまれ》とした。これは稍ゝ極端の嫌ひなきにあらざれど此の覺悟と此の精神とを修養したから彼等は殆んど病氣などには罹らなかつた。今日の青年が動《や》もすれば、病氣を以て誇りとせんとする傾向あるに比すれば、その差實に霄壤と言はねばならぬ。

強健の體力と才能の卓絶

人が此の世に處するに就き其の才能に應じて、相當の仕事をなす事は最も望ましき事であるが、よく其の力を發揮するは、體力の强健に關係する事が多い。總ての事を爲すに、體力の强健を必要とするは言ふ迄も無い事であるが、又體力が如何に强健であるとも、智能が優秀なるにあらざれば、其の體力も之を利用するに由ないが、併し體力の强健なる所に健全なる精神が宿る事は、生理的原則にして體力が强健でなければ、非凡の才能も之を用ふる事が出來ぬから、玆に體力の必要があるのである。余の知れる限りの範圍内に於ては、體力の强健なるものは大事をなし、之に反する者は假令才能あるも之を使ひ得なかつたのである。孔子然り、釋迦然り、ビスマーク、シーザー、ピーター等、皆な偉大なる身體を有せし事は其の傳紀や肖像を見ても知り得る。然して釋迦は騎馬弓術を能くし、孔子は六藝に通じシーザーは其の體格の偉大なるを以つて海賊を驚奔せしめ、ビスマルクは世に古代の巨象と評せられた世界有數の英雄である。其の他英王ウヰリアム、ゼコンケラーは大骨格と非凡なる腕力を有し、米國の大雄辯家ウヱブスターは、世界人種中に見るべからざる雄大なる骨格であつた。是を以て之を見るに體力養成の急務なる事いよ〳〵明らかである。

體力と智力

吾人は其の體力を養成すると共に、智育と德育とをも心懸けねばならぬ。如何に體格のみが壯大なりとも、無智の不徳漢では不可ない。我が邦の歴史に見ても、藤原氏以後と其の以前とは、智育、徳育の方面は如何であつたかと言ふに智力にも雄大なのと、纎巧なのとあるが、藤原氏の權力を握つた前の方が雄大なる方面の智力があつた。如何となれば大八洲帝國にのみ跼蹐するのが能でない。海を渡つて大陸に發展すると言ふ事が藤原氏以前の方が旺盛であつた。そも向ふ見ずの蠻勇では無く、實に遠大なる雄圖を以つて大陸的遠征を試みると云ふ樣な事蹟があつた。此の雄大なる智識と雄大なる體格とは兩立するので。纎巧なる智識と矮少なる體格とも亦、互ひに對立するものである。

大八洲帝國

英雄の偉業と體力

諸葛孔明は、支那に現はれたる最も偉大なる人物の中の一人で、日本の秀吉の如く、體質不相當な雄大なる遠圖を有し、且つ忠誠の心のあつた誠に理想的の人物であつた。然し、此の人は先天的體質が極めて虛弱で始終病身であつたが、然も精神は實に勇猛で身を厭はず勇將猛卒すら行く事を厭ふた野蠻不毛の地に深く踏みこんで、蜀の背面の防備を完全にする等、誠に世に傑出したる一代の偉才であつたが、然もさまで傑出せざる司馬仲達の如きをして遂に名を成さしめたと云ふ事は、是れ全く體質の優劣から生じて來た結果である。孔明の存命中は仲達は何等施す事が出來ぬから空しく其の死を待つてゐたのである。我が邦に於ては楠正行の如きも其の一例で、正行の戰死したのは二十四五歳であつた。戰死と言ふから之れは非命の死であるが、然し正行の心事に對しては大いに同情すべきものがある、正行は元來非常に弱い體質で、愚圖〳〵してゐると病死の虞があつた。短兵急に功を收め、逆賊を夷げ樣と焦慮《あせ》つたのはマゴマゴして居ては病死する、病死もよいが自分は國家の運命を雙肩に擔ふて居るから其の生命の存續中に根本的に敵を退治せねばならぬとの念が非常に旺盛で、其れがために必ずしも必勝の成算立たずとも當つて砕けるの主義で無理な戰爭をした、無理な戰爭であつたが故に、志望空しく行ひ得なかつた。之れも體質强健であつたならば長策を立て徐ろに逆賊の征討を圖つたてあらうが、正行の戰爭に無理のあつたのは病弱なる體質であつた爲めで、之れ實に南風の競はさる所以で、時勢かも知らぬが彼にして强健ならしめば此の悲慘なる結果はなかつた事と想像せられるのである。故に此等は一個人の利害得失の問題ではなく、國家的見地に於て狂瀾を既倒に回ると云ふ旺盛なる氣力を以て此の體質改良に盡す事は、今日の急務中に於ける重要なる要件である。玆に於てか心身改造法として我が靈明法の必要を認むるのである。

第六巻　古來修行法論

第一章　仙人の仙道修行法

仙人とは何ぞ
「仙」の字義

元來、仙人は支那に始まつたのであるが、『仙』とは人扁《にんべん》に山《やま》と書いてある、卽ち深山に分け入つて修行する人、これを仙人と云ふたのである。

松葉の露を吸ふ
菊の精を飮む
紫雲に乘つて大空を翔飛す

窈冥の中に盖し物あり、倐忽として人となり、また倐忽乎として物となる、衆よく之れを端倪するなし。或ひは松葉の露を吸ひ、或ひは菊の花の精を飮みて日を送り、身に蔦の葉を纏ふて衣《ころも》となし、洞中に端坐して岩石の如く、鳥虫を友とし、雲霧を家とし、四肢には青き苔《こけ》を生じて枯木の如く、或る時は紫の雲に乘つて大空を翔《かけ》り、或る時は經を誦して口より煙を吐く。仙人とはマアざつと、こんな者を言ふのである。

小角仙人
修驗道

大江の匡房の『本朝神仙傳』に依れば、古來わが國にもいろ〳〵の仙人があつた。先づ第一に役行者《エンノギヨウジヤ》、小角仙人、此の仙人は大和の國の人で、大峯山に於て仙道の苦行を修し、つひに神通力を得て能く惡鬼邪神をば呪術を以つて驅役した。又よく翔登自在の通力を有し伊豆の島より海上を飛行して富士山に來り、毎夜修行したと言ふ。後代、修驗道なるものが出來、現今なほ眞言宗醍醐派三寶院に惠印部と言ふ一派があるが、是れ卽ち役行者小角仙人の後を承けた一種の仙道である。

久米仙人

次に久米仙人、これは矢張り大和の人で、もと大工であつたが俄に發心して深山に入りて仙人となり能く天空を翔飛するを得たのであるが或る時、大和の吉野川の上を飛行してゐると、折りしも吉野川で洗濯してゐる妙齢の女の白い股を見て煩惱を起し、忽ち通力を失つて眞逆様《まつさかさか》に吉野橋の上へ墜落したと云ふ有名な仙人である。

泰澄行者トラ尼仙女仙人の修行

其の他、泰澄行者、都藍尼仙女、等澤山があるがみな同じ様なものである。

斯様に、古來、仙人にも澤山あつて、其の修行の形式も區々マチ〳〵であるが、今茲には其の一二を紹介する事にしよう。

至道仙人の法

先づ、至道仙人の修行法は、川合清丸氏が左の如く說明してゐられる。

『其の法は、當日の作業悉く終りて今や寢に就かむとする時、厠へ行き、寢衣に着換へ、心を鎭めて臥褥に入り、仰向きに臥して肩と頭との間をゆるりと寛げ、兩手を身に添へて下に垂れ、兩臂を伸して總身に聊も滯る所なく、例へば死したらむには斯くやと思ふ程なる形軀になりて、先づ口を開きて臍下より息を吐き出す事七遍して口を閉ぢ眼を塞ぎて心靜かに兩手を以て（兩手の

第一術

指先をよく揃へて）胸脇より小腹に至るまでを、いかにも落ちつきて左の歌を二十一遍唱ふる間篤と撫で下すべし、之を第一術とす、

庵原の清見がさきの三保浦の
ゆたけき見つゝ物思ひなし

第二術

次に兩腿のつけねより腰のつかひへかけて、内外を膝の方へ掌のとゞく所まで代る代る力を入れて右の歌を七遍唱ふる間撫で下すべし。是れを第二術とす。

第三術

次に兩脚を踏み揃へ、足の拇指を立てゝ右の歌を七遍唱ふる間左右一同に搖り動かすべし。之を第三術とす。

第四術

右の歌を三十五遍唱へてなす所の所作一先づ終りなば、其の儘以前の如く總身を寛にひろげて聊も張りたる所なく滯りたる所なからしめ、扨て鼻より息を入れてゆる〳〵と臍下に至らしむる事、右の歌二十一遍唱ふる間心長く勤むべし。但し是の時には唯その息の臍下に至らん事にのみ力を用ひて決して他の念慮を起す事なかれ、又一息を細長く鼻より送り入るれは、又一息を細長く鼻より送り出すべし。口を一切開く事なかれ是を第四術とす。

但し癥瘕ある者は息を其の塊の在る所まで送り至れば、塊の爲に支へられて當分は臍下に屆きか

ぬれども、日を重ね月を重ねて法の如く行へば必ず臍下に及ばざる事なし、かく爲し一夜も怠らずして年を積むに至らば、自然と息つかひ長く靜かになりて心窩の處は凹みくつろぎ、小腹は膨れ凸りて元氣常に充ち塞がるに至るべし。是れ此の熟し得たる兆候なり』と。

白幽仙人の法

次に白幽仙人の修行法を紹介せんに、卽ち曰く『行者定中、四大調和せず、身心ともに勞疲する事を覺せば、心を起して應《まさ》に此の想をなすべし。譬へば、色香淸淨の輭酥《せんそ》、鴨卵大の如きもの頂上に頓在せんに、其の氣味微妙にして遍く頭顱の間をうるほし、浸々として潤下し來て、兩肩及び双臂兩乳、胸膈の間肺肝腸胃、脊梁、臀骨次第に沾注し將ち去る。此の時に當つて、胸中の五積六聚、疝癖塊痛、心に隨て降下する事、水の下につくが如く、歷々として聲あり、遍身を周流し、双脚を溫潤し、足心に至て卽ち止む。

輭酥法

行者再び此の觀をなすべし、彼の浸々として潤下する所の餘流、積り湛へて暖め蘸すこと恰も世の良醫の種々妙香の藥物を集め、是を煎湯して浴盤の中に盛り湛へて、我が臍輪以下を漬け蘸すが如し、此の觀をなすとき、唯心の所現の故に、鼻根忽ち稀有の香氣を聞き、身根俄かに妙好の輭觸を受く、身心調適なること、二三十歲の時には遙かに勝れり、此の時に當て積聚を消融し腸胃を調和し、覺えず肌膚光澤を生ず』と。これを輭酥法と云ふ。

陽勝仙人の法　照道仙人の法

そのほか、陽勝仙人の法、照道仙人の法などあれど、今は詳述の要なきを以つて玆には是れを一々述べない。

第二章　印度外道の修行法

バラモン

古代、印度バラモンの間には種々なる外道があつて、いろ〳〵妙な修行法が行はれた。今、雄渾深遠なる我が靈明法を學ぶに先きだちて是等の野蠻なる修行法の一斑を研究して置くのも亦、興味ある問題ではあるまいか。

自餓外道

先づ自餓外道は、三藏法數に『自我外道、謂外道修行不レ羨ニ飲食一、長忍ニ飢虛一、執ニ此苦行一以爲ニ得果之因一、是名ニ自餓外道一』。とある如く、一切の食物を斷つて修行するのである。

投淵外道

次に、投淵外道と云ふのがある。此の外道は寒中に池や淵の底へ沈んで修行するのである、三藏法數に曰く『投淵外道、謂外道修行寒入《キ》ニ深淵一忍ニ受凍苦一、執ニ此苦行一以爲ニ得果之因一、是名ニ投淵外道一』と。

赴火外道

また赴火外道と云ふ一派がある。これは、焔々たる火中に我が身を投じ四肢五體の燒け爛《たゞ》れるのも關《かま》わず修行するのである。三藏法數に之を說明して曰く、『赴火外道、謂外道修行常熱ニ炙身一及薰レ鼻等、甘ニ受熱惱一、執ニ此苦行一以爲ニ得果之因一、是名ニ赴火外道一』と。

鉢多外道
離繫外道
髏鬘外道
殊徵伽外道

次にまた、鉢多外道、離繫外道、髏鬘外道、殊徵伽外道などの外道がある。鉢多とは灰を五體に塗つて修行し、離繫とは毛髮を拔き去る行を修し、髏鬘は、人間の髑髏を自分の頸や頭に掛け、徵伽は糞便汚物の塗つた衣服を着たり、兩便を飲んだりすると云ふ行をするのである。卽ち慈恩傳に是等の事を說明して曰く、『鉢多之輩、以レ灰塗レ體用爲レ修レ道、遍身艾白、猶ニ寢レ竈之猫狸一。離繫之徒則露レ質標レ奇、拔レ髮爲レ德、皮裂足皴、狀臨レ河之朽樹。髏鬘之類以ニ髏骨一爲レ鬘、莊レ頭掛レ頸、陷枯魂磊若ニ塚側之藥叉一。徵伽之流披ニ服糞衣一、飲ニ噉便穢一、腥臭膿惡譬ニ溷中豕狂一云々』と。

牛狗外道

更らに牛狗外道なるものあり。三藏法數に之を說いて『牛狗外道、謂外道修行自謂前世從ニ牛狗中一來、卽持ニ牛狗戒一齕レ草噉レ汚、唯望ニ生天一執ニ此苦行一以爲ニ得果之因一、是名ニ牛狗外道一』とある如く牛《うし》や狗《いぬ》の樣に草を食らひ糞便を噉《な》めると言ふ苦行をするのである。

自坐外道
寂默外道

其の他、自座外道あり、寂默外道あり或ひは又、黃色仙人、赤色仙人、青色仙人などと言ふ一派あり、更らに白衣外道あり、裸形外道あり、神通外道あり、殆んど枚擧に遑ないほどあるけれども、要するに皆な大同小異であつて、恐るべき苦行を修して我が肉身を苦しめると云ふに過ぎ

黄色仙人 赤色仙人 青色仙人 白衣外道 裸形外道 神通外道 靈明法とバラモン

ない。是等の事を歴史的に又は文學的に述ぶるならば非常に趣味ある事であるが、修養としては實に幼稚なものであつて我が靈明法の研究階段としては、こんな事は餘り研究するの要がないから、これ以上に詳しく述べない事にする。玆には唯だ古代の印度バラモンには斯んな修行法があつたと云ふ事を知らしめんが爲め其の一斑を示したまでである。

第三章　靈魂の座所に關する三説と三修行法

靈魂と精神と心

精神と云ひ、靈魂と云ひ、心と云ふ。それ等の詳しい區別と説明とは省略して、玆にはたゞ莫然とした意味に於て同じ意味に用ひて置く。

靈魂の坐所

扨て、靈魂の坐所に就ては古から種々の説がある。今から凡そ九百年ほど前の宇治拾遺物語と云ふ書物には『肝惑ひ倒れ伏しぬべき心地すれども云々』とある。又、源平盛衰記にも『此の扇誰射よと仰せられんと肝膾を作り、堅唾を飲めるものもあり』とある。今日では昔の様に『肝惑ふ』だとか、『肝膾を作る』だとかは云はないけれども、『肝をつぶす』、『肝玉が太い』、『肝煎りする』等と云ふ如き言葉は弘く俗間に用ひられて居る。此の時の『肝』とは何れも靈魂とか心とかと言ふ意味である。支那の古い書物に『肝者罷極之本、魂之所居也』とあり、又は『膽者淸淨

之府、中正之官、決斷出焉』とも書いてある。パルメニデスは心は胃に在ると稱した、これ皆肝

腹部説

臟又は膽臟又は胃に精神がある、換言すれば靈魂の座所は腹であるとの説である。之れを腹部説と唱へる。かの『腹案』、『腹心』、『腹稿』などと言ふ熟字、或ひは黄庭經に『丹田の中には精氣微なり』と云ひ『江流曲つて九廻の腹』と云ひ『秋思の詩篇、獨り斷腸』と云ふ。また『腹を探る』と云ふ、『腹が黒い』と云ひ、『腹が腐つてゐる』と云ふ様な我が國の俗語も皆な此の腹部説

腹部説と丹田修行

の思想から出たものであると思ふ。而して此の腹部説を出發點としての修養法が卽ち後《のち》に述べる『丹田の修行』なのである。

胸部説

次は胸部説、卽ち靈魂又は精神は心臟にありとする説である。かの『胸に問へ』とか、『苦しき胸の惱み』とか、『胸くそが惡い』とか云ふ俗語は卽ち此の胸部説から出た言葉である。支那の列

心臓交換

子と云ふ書物の中に、心臟交換に關する趣味深き寓話があるから茲に一寸紹介する事にする。卽ち、魯の國の公扈と云ふ人と趙の國の齊嬰と云ふ人が共に同時に病氣に罹つた。そこで二人とも同時に扁鵲と云ふ名醫に治療を求めた。所が扁鵲の威大なる力に依つて間もなく二人の病氣は全快した。そこで扁鵲が曰く、『今、汝等の病氣は全快して定めし汝等は嬉しい事であらう。如何にも汝等が喜こぶが如く汝等の外見上の病氣は全治した。然し汝等よ、汝等の身體には更に重い病

氣、卽ち生來性の恐ろしい心の痼疾が付いてゐる。汝等よ其の病氣をも治療して欲《ほ》しい事はないか』と。そこで二人は大いに驚ろいて『それはどんな病氣で御座いますか』と尋ぬると、扁鵲さらに曰く『公扈は其の志望が強いけれども氣力に乏しい。之に反して齊嬰は氣力があるけれども志望が弱い。これが二人の病氣ぢや。此の病氣を全治せねば到底二人とも成功する事が出來ぬ』と『では、どうすれば其の病氣を全治する事が出來ますか』と二人は問ふ。扁鵲は答へて云ふにそれは汝等二人が其の心臟を交換すればよいのぢや』と。そこで二人の依賴に依つて扁鵲は彼等に心臟交換の大手術を行ふた。卽ちメスを振るつて彼等の胸を剖き、心臟を採り出し二人のものを交換したのである。手術も終り、氣つけ藥を飮まされると彼等二人は蘇生した。その後と云ふものは彼等二人の精神狀態と云ふものは全然以前と異り、互ひに長所と短所とを埋《う》め合せたから全く二人とも圓滿無缺な心の持《も》ち主《ぬし》となつた。そして二人は喜んで歸宅した。けれども旣に心が入れ替つてゐるので家人は丸で狐にでも摘《つま》まれた樣であつたと云ふ。以上―は列子と云ふ書物に出てゐる話であるが、是れ卽ち胸部説の思想の最も面白い例である。其の他、ギリシャの哲人アリストテレスもデイオゲーネスも心臟をもつて感覺及び運動の中樞器官であると云つてゐる。以上、胸部説の大略を述べたのであるが、後に述べんとする『胸部の修行法』は正しく胸部説の思想に起因してゐるのである。

頭部説

次は頭部説である。此の説も、遠くギリシヤのピタゴラスや、ヒポクラテースに依りて説へられた。又、東洋に於ても春秋元命苞と云ふ書物に『頭者《ハ》神所《ノ》レ居、上圓象《クシテ》レ天《ニ》』と云ふ一句がある。涅槃經にも『頭を殿堂となし、心王その中に宿る』と書いてある。その他、デカルトは脳髄内の松菓線をもつて心の坐所と説き、ハレルはヴアロリ氏橋部をもつて其の坐所と云ひ、ゾンメリングは脳室内の水樣液卽ち脳漿に精神が宿ると云つた。これ皆、頭部説であるが、後に章を新にして説かむとする『頭部の修行法』は卽ち此の頭部説の思想に起因してゐるのである。

デカルトの松黄線説
ハレルのヴアロリ氏橋説
ゾンメリングの脳漿説
頭部説と頭部修行法
血液説
全身説

以上、靈魂の座所に關する三説の大略を説明し終つたのであるが、此の他に尙ほ精神は全身の血管中に在りとする所謂『血液説』卽ち『全身説』がある、バイブルに『凡ての肉の生命は其の血にして、是れは卽ち其の魂たるなり』とあるは正しく此の説である。

第四章　丹田の修行法

丹田

丹田とは、臍の下三寸の所を云ふのである。寶歷、明和の頃、白隱禪師が氣海丹田定力説を『夜船閑話』及び『遠羅天釜』に獅子吼して、其の當時、眠れる禪界に一大痛棒を加へ、これが爲めに其三昧の修行法を一變せしむるに至つた。

此の丹田定力法は、その後平田篤胤、貝原益軒、平野元良等の健康法となりて、世に賞讃せられたものである。乃ち平田篤胤が其の著『志都石屋』に、左の如く丹田說を說明してゐる。曰く、

氣海の穴

『誰も知つて居る通り、臍の下に氣海と云ふ名をつけた、穴處のあるものの實は、人の口鼻より受る處の氣を、しつかりと臍の下、謂ゆる氣海の穴あたりに湛へてあるやうに、と云ふ義で名づけた物で御座る。

腎間の動氣

素人もよく知つて居る難經と云ふ醫書にも「生氣の源は、腎間の動氣也、此三焦の原、一に守邪の神と名づく」とありますが、此の義は、人の生きて居る氣の原と云ふは、臍下の動氣のある處がそれぢや、これを何故腎間の動氣と云ふなれば、腎の臟は、左右に、上焦、

三焦 上焦中焦下焦

中焦、下焦と三つあつて、丁度氣海の穴は、その左右の腎臟の中間通りに當つて居て、その動氣のある處は、かの左右の腎臟の中間に當つてをるに依つて、腎間の動氣といふもので御座る。

三焦の原 守邪の神

此の三焦の原と云ふは上焦、中焦、下焦と三焦の中にも、この下焦腎間の動氣のある處は大切の處ゆえ、三焦の原と云うたもの、一に守邪の神と名つくと云うたは、こゝの處さへ氣が充ちて居れば、外邪にも犯されず、内よりも病が發らぬ程の譯ゆえ、邪を守るの神とも云ふとの意で御座る』

丹田中心說の歷史

云々とある。又丹田中心說の歷史を述べて曰く、『素問の評、熱病論に、邪の湊る所、其氣必ず

治心

丹藥を蓄へる田

下丹田

靈明法と諸修行法

虚しくせりとある如く、房事の後にうたた寝をして風邪か引き込み、今參りの信濃が持ちたる油揚を鳶に攫られる類も油斷よりの事、迷はし神に憑かれるも、狐狸の類ひに化されるも、彼の守邪の神なき隙を付込まれたる故の事で御座る。然れば、これ程やんげとなき大事の處ゆゑ、醫書と云ふ醫書は本よりのこと、諸道諸業、何れもこゝへ氣をたたみ蓄へることをさとし、まづ天竺では釋迦よりも遙か前より學び來つたる、婆羅門の修行も治心と云うて、(中略)、氣海の下の穴の處を丹田と云ふも、その不老不死の丹藥を蓄へる田と云ふの義を以て名づけたものぢや』とある。兎に角、其の當時は此の丹田說が非常に流行したものである。現代に於ても、二木博士の腹式呼吸法、岡田式の靜坐呼吸法となり、或ひは又、藤田氏の息心調和法となつて世に行はる。然れども是れ等は皆な三丹田中の下丹田のみの修養にして、麁惑煩惱、即ち腹部の惑障を斷つるのみであつて、所謂、六識、聲聞、緣覺の小乘的阿羅漢の修行法であつて、忽ちにして退轉し易いものである。故に、之れも未だ修行法の上乘なるものでは無く、我が靈明法から見れば一種の小乘法に過ぎぬ。

第五章　胸部修行法

胸部修行法とは、主として胸部を主眼とせる呼吸法である。彼の深呼吸法等は正しく是れに屬すべきものである。されど深呼吸法などの如きは、既に諸子の能く熟知せる所なれば玆に今更らしく其れが説明をせず、バウル、フォン、ベーグマン氏の靈胸術なるものを紹介する事にしやう。

ベークマン氏は、アメリカの有名なる運動家にして、其の體格も極めて立派であつたが、由來運動家の肺病で倒るゝ者の多いのに驚き、彼は終生その胸部修行法に意を注ぎ、つひに『靈胸術』なるものを唱道したのである。

彼は靈胸術の方法として、一種の機械を割製した、その器械はニユーモークシトルと稱するのであるが、余は玆に之を日本語に譯して靈胸機として置く。ベークマン氏自身は、此の靈胸機に就て述べて曰く『余は自分の肺量が僅かに二百二十立方吋しか無いと知つた時、何んとかして呼吸器を、強くせねばならぬと考へた。そして。いろ／＼と心を苦しめた上、一つの機械を發明した之をニユーモークシトルと名づけた。余は之て凡そ十年以上も實驗してゐるが、先づ胸を強くする器械としては、之に勝る物は他に無いと信じてゐる、之れは啻に胸殊に肺を強くするのみならず内部の筋肉の發達にも、また缺くべからざるものである。此の靈胸機の効果としては、第一に、深呼吸を奬勵する。第二には呼吸器の筋肉を盛に動かせる。而して胸から此處へ傳へた神經

ベークマンの靈胸術

ニユーモクシトル靈胸機

靈胸機の効果

の力を強くする。第三に、呼吸の筋肉を敎養す。第四に靈胸機の抵抗力は人が呼吸する時に鼻の穴を通る空氣が受ける抵抗と等しい。故に酸素吸收力を直接に增す譯である。第五に、此の機械は横隔膜を强くする。第六に靈胸機は普通の方法では決して爲し得ざる筋肉の運動をも爲す。其の他、いろ〳〵頻しい効果があるのである。

ハッチンソン氏の說

バッチンソン氏の說に依れば、『女子は主として胸廓から肋骨をあげる時に胸が擴がるもので、之を胸呼吸と云ひ、男子は横隔膜の下方で呼吸をするので之を腹呼吸と云ふ。然し男子と女子との呼吸の差異は、安靜呼吸の時に於てのみ異るので、深く強い呼吸の時には、女子も男子も何れも胸呼吸をするものである。』と。

ジアソン氏の說 マリット氏の說

又女子が主として胸呼吸をする理由に二說ある。一はジアソン氏の說で、『肋下を帶で締めるから』と云ふ、二はマリット氏の說で、『女子が姙娠した時に、若し腹呼吸をして居るならば子宮が壓迫せらるるが故に、此の不都合を避くる爲めに胸呼吸をする』と云ふ。此の二說の中、果して何れが眞理なるや、未だ知られてゐない。

第六章　頭部修行法

頭部修行法は、主として頭部又は腦天を主眼とせる修行法である。此の頭部修行法にも種々あるけれども、玆には耳根圓通法だけ紹介する事とする。この法は元來佛敎から出たものである。

耳根圓通法

佛敎には解脱の方法に、六根門と云ふのがある。卽ち六根とは眼、耳、鼻、舌、身、意の六識を云ふのであるが、これから種々なる煩惱が起るのであるから、大なる悟道を得ん爲めには此の六根を斷ぜねばならぬ。

六根

所が此の六根を斷ずると云ふ事は甚だ容易ならぬ事で、多大の修養と多年の歲月を費さなければ容易に其の極に達する事が出來ないのである。

然るに今、耳根から定力を用ふれば實に容易である。何となれば腦髓は心の源府であつて、耳根は身體中の樞機である。故に耳根から猛烈なる定力を用ふときは、直ちに圓通する事ができるのである。

耳根圓通法の實修法

然らば其の實修法は如何にするかと云ふに、先づ定力と云ふ事から說明せねばならない。定力とは自己の身體の任意の一點に心力を込め、且つ其の點に全身の力を注集する事を云ふのである。

定力

さて耳根圓通法を實修するには、奥齒を極く輕く合せ、其の齒根に力を込め、兩耳に猛烈なる定力を注集するのである。

以上は耳根圓通法の大略であるが、尙ほ其の他、一般に頭部に主きを置く修行法は、皆之れに屬するのである。

第七卷　靈明修養法

第一章　靈明修養法

靈明法の修養

靈明法の修養は如何に爲すべきや、靈明法の鍛練は如何に爲すべきや、抑も精神の修養に志す者は、必ずや意志の鍛練を缺くべからず。如何に智に於て正しきを望むも、之を遂ぐるの力なく、情に於て如何に美しきを欲するも之を得るに道がないから、終に正しき事とは知りながらも之を行ふこと能はず、美と知りて好む能はざるに至るのである。

アポロの神殿に汝自身を知れ　靈明法修養の要素　眞我の徹見

而して意志は靈明法修養の根底であつて、一切の行動これに依るのであるから、意志の强き人は盤根錯節に耐へ、其の弱き人は薄志弱行の徒となつて、徒らに心を勞して成す無きに終る。然らば、如何にして此の意志の鍛錬をすればよいであらうか。希臘アポロの神殿にターレスの銘として、『汝、自身を知れ』と云ふ句があるが、此の一句こそ正しく靈明法修養の要素にして、眞我の徹見は卽ち、汝自身を知るの謂である。

相對差別
絕對平等

相對差別の小我を離れて、絕對平等の大我を認め、我心に迷ふ所なく、我心に動く所なき此の境に達してこそ、我れ自から宇宙の主人公となり、八風吹けども動ぜず、泰然として世に處し、自若として事に當り身は毀譽の外に超絕して、心に煩悶する事がなくなる。是れを不動心と云ふのである。

不動心

由來、我が心の煩悶し惱懊する所以は、外界差別の現象の爲めに動かさるゝに外ならずで、今、心を絕對平等の境に置き、我の自ら我たる所以を悟得し、我を暗ますの妄念迷夢を打破せば何の煩悶する所かあらん。

順境に在つて驕らず、逆境に在つて撓まず悲哀、恐怖、情慾、娯樂より起る不合理を制伏して、全然境遇の束縛外物の誘惑を脫離し、毫も名聞利慾のために心を動かさゞる程に達せざるべからず。

故に吾人は王陽明の所謂『天理を存して人慾を去る』の工夫を積まざる可らず。故に先づ己に克つの力を養ひ、其の力を以つて心裏に橫行濶步する邪念妄執を打破し、心海風濤絕えて天日月明かなる境に住し、心は外界に動ずる事なく、榮辱叢裡、笑ふて事を處し、生死岸頭何の喜憂する無きを得、明々瞭々、大道を濶步して自己の志す所を行ふ。

此の如くにして初めて意志の鍛錬を得たりと言ふべきである。然らば如何にして此の境に到るべきかと言ふに、其の修養の法に、動靜の二面あり、卽ち靜中の工夫は靈明法に過ぎたるは無く、動中の工夫は平常に於て其の習慣を養ふに如くはないのである。

靈明法修養の二面

第八卷　靈明法奧義

第一章　靈明法の目的

宇宙の眞理

天地の妙趣

宇宙の眞理は元來文字言說の外にあるので、口以て言ふ能はず筆以て說く能はざるところにあるのである、この文字言說とは月を指すの指、門を敲くの石である。門が開けば其石は不用となり月が見えれば指は要せないのである。宇宙の眞理は天上の月にして天地の妙機は門に入るを要するのである。この月を指しこの門を開くに就いて、文字たる指も言語たる石を要するのであるが、只徒らに指の長短を論じて其の月を見る事を忘れ、人生の祕機たる門を開いて堂に昇るに、空しく其の石を詮索して堂に昇ることを忘る人多し、何ぞ徒らに指を論じ石を撰ぶの要あらんや、速かに其の迷執を去つて仰いで月を見、門を開いて其堂に昇れ、そこに宇宙の眞理あり人生の祕機は存するのである、然して宇宙の眞理人生の祕機とは如何なるものか、その言說文字を離れて觀なければならぬのであるから、教へられたとて解する者でなく、說いたからとて合點のゆくものでないのである故に、これは心を以つて心に傳へて、自ら其本性を徹見して靈照するの外はないのである。かく云へば此の眞理は此處を去る遠きにあらず、彼の祕機は近く汝が頭上にあるのである。

本性を靈照す

宇宙の眞理人生の祕機の開示は、是を自己の心上に反覆靜思するより外なし、然して自己の心上に起り來る所の一切の妄念妄情を拂ひ退けて、一心澄んで明鏡の如く其の心上に眞理を認め、眞の本體を會得すると云ふのが目的である。吾人は靈明法に依つて念想觀の測量を休めて、善惡を思はず、是非を管するなく、かくて自ら其眞理と冥合し祕機を體得し得るのである。

祕機の體得

靈明法の要旨

靈明法の要旨は文字以外理論を離れたところにあるのであるが、この離れたと云ふのは合はぬと云ふ事とは違ふのである。この離れると云ふことには二通りあつて、一は卽ち以上で他は以下である、例令ば彼は通常人と違ふ所があると言ふも、通常人以上に違ふのならば所謂偉人であり賢者であるが、通常人以下に違ふのならば馬鹿か狂人である。靈明法が文字以外、理論を離れると云ふも、理論以下文字と云ふのではなく、文字を盡し理論を窮め其の文字の及ばざるところ、其の理論の到らざる所に根底を有するので、古人も、『有二一物於此一。從本以來。照々靈々。不二會生。不﹅曾。滅﹅名﹅不得。狀不﹅得。』と云た如く、この一物と云ふは釋迦生れず、達磨來らずとも本來照々靈々として、宇宙に遍滿し天地に輝いて居るものである。これを諦觀し會得するのが靈明法である。然してこれはもとより言語以つて知るべからず、文字を以つて測るべからざるものである。

照々靈々

第二章　靈明法の妙趣

催眠術手品

上來述べ來つた靈明法は珍奇なるものに非ず、催眠術に非ず、手品に非ず、打坐豈に閑人の玩弄事にあらんや。前述せる肉體の强健などの效果實現は未だ是れ末の末なるもの、靈明法の目的即ち其の究竟境界は是れ等の效果より更に一進して所謂百尺竿頭進一步せる處に存するのである。

靈明法の究竟

即ち靈明法に依りて得たる處の效果を以て鼻先にぶらさげる事なく、只だ打坐より得たる處を常に維持して茶に遇うては茶を喫し、飯に遇うては飯を喫する底の活作用をば無爲の裡に現すべきでこれ即ち平常心是れ道となるのである。

宗敎と靈明法

古來多くの宗敎家の爲す所は時に或は珍奇なるあり、或は一休和尙の如き奇拔なるありと雖も是れ時勢に反抗して、時代を覺醒せしめんとする老婆心よりの慈悲落草のみ、是を以て宗敎の本義と思ひ禪の本領と考ふる時は實に道を離る事、千里萬里たりと云ふべきである。

宗敎の宗敎たる所以は實に此平常心是れ道となる所に存せるので、吾人が平生手の舞足の踏む所に道はあるのである、然るに道を以て一種特別の儀式なるが如く考へ、寺院や敎會に敎の存する如く思ひ、講堂や書籍に在る如く誤解するは現代の通弊である。修養の目的は遠きに非ず只だ日々の行事が道に合するに存するのである。

靈明法の主張

而して吾々が日々の行事をして道に合せしむる時は、特に道に合ふ如き行事を他より持ち來るのでない、自己の本具の靈性を開發する迄ので、吾人が此の靈明法を主張する所以の者は畢竟本具靈性の開發を求むるが爲である、此の本心の主人公を忘却して自ら跉跰の窮兒となりて、天下をさまよひ廻るぞ淺間しき、何んぞ自家の坐林を放却して漫りに他國の塵境に去來せんやである。若し夫れ坐禪箴の所謂『水淸うして地に徹し、魚往いて魚に似たり、空濶うして天に透り、鳥飛んで鳥の如き』の境涯に至るに於ては、靈明法の究竟境界玆に現出せる者と云ふ可きである。

第三章　靈明法の心裡狀態

淸澄透徹

靈明の心裡狀態は、此の靈明法を行てゐる中に種々な境界が起つて來る者で、心が淸澄になる

八萬四千の煩惱

に從つて妄想や雜念が湧出して來るのである。此の妄想は剛强な者て百萬の强敵にも勝つて居る。それで古人も之を醉象に譬へ又虎狼や馬猿に喩へた程で、實に手におゑぬものであるから、是を退治するには非常の勇猛心が必要なのである。而して勇猛心は八萬四千の煩惱(見惑、思惑)の勢力あり强いものであるから、是を以て妄想を退治するには、大海の一泡を消し二葉の小草を引き拔くよりも易いのである。然し修養者にして其の勇猛心が孱弱なれば、此の妄想に打ち勝つ事が出來ぬから、良く精進打坐して修道せねばならぬのである。

眠魔

此の妄想に續いて又睡りと云ふ境界が起る、而して凡ての妄想や睡いのも皆な魔である、此の睡魔がさして來ると恍惚となつて、夢か現つかと紛攪雜亂して來て五里霧中の境界となるのである。

倦魔

又此外に一つ强魔があるそれは倦むと云ふ業である。此の倦むと云ふ事は打坐にあきが來る事であつて。長時間打坐して居ると倦魔に襲はれて、智慧も慾も、願心も何も挫けて仕舞ふのである。この倦魔も勇猛心を以て心を撓まさず打破せねばならぬのである。

又打坐中に自然に身體が動搖し出す事があつて、それは別に睡遊に落ちて居るのでもない、眼は閉じて居るが確かに眠つて居るのではない、只だ身體が坐したまゝ前後左右に動搖するのである。是は打坐の境が進んで心が統一したる時に起る狀態であるから、決して心配せずに搖れるがまゝに、放任して置いて宜しいのである。

又打坐の狀態が愈々進んで深くなると、一種特別なる境界が起つて來る。それは一心堅固に打坐三昧に入り更に餘念の動かざる時に當つて、忽然と坐中が震動して大地震の搖るが如く見え、又眼前に二間四方もあらんかと云ふが如き大穴があるが如く、或は知らぬ老夫が眼の前に坐するが如く、又光明が輝く樣に見えたりするのである。此等の境界は萬一現じたからといつて決して驚くことはない。是は魔境であつて精神作用の現象で少しも不思議とするに及ばない。故に如何なる境界が現じても其現境に取合はず、一心に勇氣を以て深息をするのである。然らば其の魔境は消散して仕舞ふのであるから、此等の境界は虛妄な者と承知して一切取合はぬのが肝要である。

二間四方の大穴

魔境

追々其の打坐が進んで來て其の定力が出來ると、身體の中で脈をうつ音が聞え、頭から胸部の脈の音までが良く聞える樣になつて來て、兩肩で血液が往來する音までわかり、又下腹部は波動の如くドンー〳〵ときこえ、それから兩足から踵の脈までがハツキリと聞える樣になるのである。此等の境界は餘程坐を重ねんと出來ぬが、又斯云ふ場合には悟りでも開けたかと思ふ位で非常に嬉しいと云ふ情が起るが、此の嬉しいと思ふのが又一つの妄想であるからして、例令何ほど異なつた境界が現じても如何なる妙境があつても、一切それ等に取合はず打坐三昧に入つて一向一心

血液の往來する音

靈明法修養の眼目

に、進み込み退かぬのが修養の眼目である。

第四章　靈明法と座禪

「靈明」の字義

靈を照す

靈は玲なり

吾人が主唱する。靈明なる語は從來あまり世間で用ひられて居ない語であれば、其の了解に苦しまるる人のあるは最もの次第である。吾人も敢て世人に解し難からしめんために此の新熟語を擇んだのではない。靈明とは字の如く靈を照し之を明にすと云ふ事である、靈を照すとは如何なる事か、是れ簡單には解釋し難い事である。抑も暗は光にあらず、靈は玲なり、疑の雲は玲に非ず、靈にあらず、靈は照すを用ひずして靈なるべきである。されど太陽の煌々と輝いて居る下でも東西に迷ふて居る人が幾らもあり、夜間に提灯を持ちながら道に躓く人も少くない。自分の頭を失つたと探して歩いた演若達多もあれば、自分の脚がわからぬとて叩いて見たるモルボス人もある。『盲者の視ざるは日月の咎にあらず』と釋尊は言はれたが、目明きの迷ふのは日月の咎ではなからうか。却つて盲者の迷はぬ事を日月のあるがために目明きの迷ふ事がある、これは目明きの迷ふは日月の咎であると云ふても善い事にならう、人の美服を視ては欲くなり、人の別莊を見ては羨ましくなり、人の財布を見ては監獄に入つて見たくなるのは、皆な日月の咎と云はねばな

自ら照す人を照す天を照す地を照す

靈の靈たる所以

らぬ事になる、『人々自から光明のあるあり』とは、古徳か云はれたが此は何の意義であらうか、彼の魚類の一族は能く身體より光氣を發し、螢は尻にて光り、狐は尾にて火を點すと云ふに、人は暗夜燈なくして歩行すらなし難い、何を以つて『自ら光明のあるあり』と云ふか、『見れども視えず暗昏々』、若し能く此の光明を識得する事が出來たならば、以て自ら照し人を照し天を照し地を照すであらう。此の自家の光明を以て照してこそ、日月は能く日月の明をなし、山川、草木は能く、山川、草木の歌を唱ひ、禽獸、蟲魚は能く禽獸、蟲魚の舞をなすものである。古來學者の追尋して止まざる靈なるものも、一たび此の光明を以て照らしてこそ、能く自己を知り世間を知り天命を知りて、靈の靈たる所以のものを得るのである。彼の宇宙は無限なり人智は有限なり、有限のもの到底無限を識得する事能はずして、萬有不可解に悶死するが如きは、徒らに影を追ひ廻りて捕へんとするに同じく假令宇宙に際限ありたるとも、眞はさる飛脚の手裏に歸す可き者ではない。『何んぞ坐林を拋却して、他國の塵境に去來せん』とは、啻に禪家の誡箴のみでは無いのである。識一世を曠する大哲人の歸趣も、一文不知の尼道心の歸趣も眞の體得は同一である、理學博士の舌にも、亞弗利加土蕃の舌にも、砂糖は甘いに歸し胡椒は辛いに歸す。眞の第一義は釋尊の金口に説かるゝも、眞壁の平四郎に説かするも、一字不説の外なく冷暖自知に歸するのである。然らば一切論議較量を離れ、直ちに自己の本性を徹見する禪こそ、我等が研究の適路たるべければ、修禪こそ稱す可き樣なれども、我が靈明法は決して禪定ではなく、又宗敎のために設けた者ではない。吾人の研究固より自性を徹見する事を主要として、禪を根本義とするは無論の事であるけれども、禪の字を名稱に加ふる事を避けるためである。

靈明法は宗敎に非ず

禪何物ぞ

禪の悟道は臨濟、曹洞、黄檗の三宗各地に巨藍大刹ありて。越格の師家が接化に勗められて居られ、其道場には參學の龍衆肩を摩して居る、禪を專門に修せんとせば宜しく彼處に往く可きである。

第五章　靈明法と自覺

天地は不可解の發現にして、宇宙は神祕の塊である、此の宇宙を考へ此の天地を察せんとする人の心もまた不思議である。

靈明の聖人

意馬心猿

此の人の心は一度高邁の志を立つれば聖人君子の位に達し、佛菩薩の境に進み得べく、又鄙吝の心起らば忽ち惡魔の群に陷りて鬼畜の列となる。昨の是は今の非となり朝に好みし事も夕に是れを憎み、意馬心猿狂ふて止まざるも又人の心である。此の狂ひ易き心を定めるには一の主人公

眞我 大我 良知 良能

萬籟寂たり 悲哀寂寞

無限の靈光

を要するので、此主人公の無き人は樣々の念慮が起り色々の迷ひに迷ふのである。彼の中江藤樹は嘗て書を人に與へて曰く、『心裏面に常住不息の良知の主人御座候、この君に御對面なされ工夫御勤めに候へば、何時となし浮氣除き申すべく候、偖て工夫間斷なく候へば、程なく主人公に御對面あるべく候、主人公に御對面候後は、萬事轉倒除きやすきものにて候』と、此主人公とは何ぞ、吾人の所謂眞我である。又之を大我、良知、良能とも、佛性とも謂ふのである。此主人公を見つけ出すのが心を修むるの始めであつて、此の主人公に對面するには靈明法が必要である。故に靈明法は佛性徹見の關鍵であつて、吾人は是れに依りて心の奥に潛める眞我の靈光を認めるのである。萬籟寂たるの時一室に打坐照眞して靜かに自己を省みれば、過ぎにし事や行末の事が思ひ出されて、我身の微少にして無常なると、其罪過多きとを自覺して悲哀と寂寞とを感ずるに至るのである。一念玆に至れば心裡の主人公は、其の姿を現はし來りて、大なる過、深き罪、我を叱し、我罵り、我を責め、我を鞭つ、我は其の呵責に耐へずして煩惱、苦惱自身は現に罪惡、生死の凡夫と自覺して痛歎措く能はざるに至るのである。此の如くに罪惡を自覺する至るは、是れ既に自己本來の主人公に對面して居るので、無限の靈光は既に閃き初めたのである。自ら罪惡の凡夫なりしを覺り、痛切に我身の罪多きを感じ、心にヒシと從來の所業の惡かりしを慨くの時は、救濟の手旣に汝の頭上に下つたのである。一旦塵ありと知りては拭はでは置かざるべし、罪なりと知らず惡なりと思はざればこそ、罪に罪を重ね惡に惡を增したるなれ、今其罪たるを知り惡たるを感ず、誰か再び是を犯さんと思ふ可き、再び犯さじと決意するの時、其塵は拭はれ其罪は去られたのである。是を懺悔と云ふ。至心懺悔する時衆罪は草の葉に置く露の如き淸らかなる、淸淨の本來に立ち歸るのである。而して此懺悔に二類あり、一つは自己の罪惡を知ると共に、其應報を恐れて懺悔するので、こは眞の懺悔と云ふ事は出來ない、自ら犯せる罪は自ら其報を受く可きもの、臆病にも卑怯にも之を免れんとするがために悔い改めたりとて何の功があるべき、吾人

靈明的自覺

の此所に云ふ懺悔は罪惡其者を憎み、罪惡其者を恐れての改過である。何が故に罪惡其の者を憎み且つ恐れるが、そは吾自身を自覺するに依る。我も佛も、聖人、君子と同一なる可きに如何すれば斯くも迷ひに、迷ひしぞと感ずるの時、湧然として起るは改過の心である。これ此の心直に

靈明的懺悔

佛と手を携へ、聖人君子と肩を接する事が出來るのである。されば此の心眞より出でたる懺悔は一度離れたる佛と近附き、塵埃を洗滌して初めて本來淸淨の面目を現するに至る、之れ精神上の復活である。これより失はれたるは此所に求め、棄てられたるは此所に救るゝのである。而して

靈能の發揮

此の懺悔は自らを救ふの力であつて、人として此の力なくしては到底、其靈能を發揮する事は出

來ぬのである。

此の懺悔するこそ吾人の幸福なのである。人鏡面を見て其の曇りたるを咎めん、其の鏡こそ光ある可き者である。人何んぞ鐵板を見て其の光なきを咎めん、鐵板こそ素と光なき者である。吾人が心の曇を自覺するは本來光ある可き者なれば、其曇を自覺するは本來の性に背きたりしを知るので、其の曇を拭ひ去るは其の本來の性に歸るのである。禪て之を歸家隱坐と稱し、狂ひ出てたる迷路を棄てゝ本來の家に歸り、佛の攝護に浴するので、凡ての罪は拭はれ、凡ての惡は除かれ、我淸淨の身となつて、諸佛の位に入るのである。吾人の心に此の靈光ありてこそ、始めて佛たり、菩薩たり、聖人たり、君子たるの資格を有するのてある。宇宙は公平なり神佛の恩寵には私なく、唯だ至誠懺悔する事により此の境に至る事が出來るのであつて、これ人類平等の權利にして天才ある者に非ざれば得られざるにあらず、靈能あるにあらざれば得られざるに非らざるのである。只だそれは至誠の自覺に依るのである。若し人にして此の懺悔の心なく罪惡を積まんか佛たり、菩薩たるべき吾等も、下りて鬼畜となり、惡魔となつて人の人たる道を忘れるに至るのてある。

吾人の一念裏には苦樂、昇沈、迷悟、凡聖、賢愚あり、誰か夫れ恐れざらん。宇宙の默示天地の妙理何んぞ夫れ整然たるや。故に吾人は其の進むを勵みて、墮するを愼しみなば、日に新に神に近づき、佛に接することが出來るのである、之に反して墮落するものは佛に遠ざかり、神に離れて其心性は罪より罪に、惡より惡に陷りて浮ぶ瀨なき奈落の淵に沈むのである。

靈明の閃めき

宇宙の大靈

吾人の心には、靈明の閃めき在りて眞を好み、善を愛するの聲あり。故に眞理は之を求め、小さき善も之を愛す、況んや宇宙の大靈、天地の妙趣に對してをや。此の要求こそ改過の念となり、遷善の心となり、罪惡を洗ふ懺悔となるのである。而して此の懺悔こそ宇宙に同化する要素となるのである。此處に於て今吾人は見る能はざる我の本性を見ることを得、靈性の光輝鮮やかに一切の罪惡を淨め去る事が出來るのである。此の一切の罪惡を淨め去らば宇宙の大道は我が前に現はれ來るのである。孔子曰く、『道は須臾も離る可からず離るべきは道に非るなり』と、吾人の修養は、罪性不可解の境涯に至り、本源自性天眞佛に歸らねばならぬのである。實に此の境に入れば、一言一行悉く求むる所之れ眞行ふ所悉く之れ善、念ふ所悉く之れ美で、大道現前し少しも離るゝ事は無いのであつて、是れ吾人の望む所の境界である。然れ共唯だ罪惡を自覺し、再び之を犯さじと誓ふ丈では、直に到り得る事の出來る境涯ではない。此の誓に依りて吾等の罪は淨めらるゝのであるが、果して吾等は此の誓ひを何時迄も守る事が出來得るや否や、誘惑多き此の世の

靈明的大勇猛

靈明の信仰

中に於て、吾等は常に惡魔に魅せられ、煩惱に晦まされ見聞し覺知する所のもの、皆な我敵となつて現はれ來るのであるから、非常なる大願心を起し靈明的の大勇猛心の力を以て、之と戰はねばならぬのである。此の處に至りて信仰の力を要するのである。一旦懺悔の力に依りて清淨の身となりたればとて、直に舊態に復し易きものなれば、至心誠實の懺悔には是非此の信仰の力を要するのである。而して此の信仰あつて懺悔の功あり、此の懺悔あつて信仰の力ありてあつて、此の境に安住し得ば始めて、滅罪清淨の身となり、此の時向上又向上の人格を得るのである。

第六章　靈明法の實驗

靈明打坐

予は少しく靈明打坐の實驗に就いて語らんか、其の心裡狀態は實際に修行する人の如何によつて自ら種々異なる處があるが、予の如き鈍根の經驗したるところに依ると、初は深息を行ふてこれに全注意を注集するやうに、又これより以外に下らぬ妄想を起さぬやうにといろ／＼やつて見るがどうも行かぬ。

先づ脚が痛い、鼻汁が出てくる、涙がこぼれる、背中のあたりで蚤がむづ／＼してくる、蚊が耳近く飛んで來る、蚊で思ひ出した平生は滅多にないことで、打坐中に能くある事は蚊に唇を刺されることである。神經の鋭い所である上に思ふやうに搔くことが出來ないから、實に堪たものでない、まだ其外種々な考へなくてもよい事を考へて、心が靜まるどころが身體が靜まるにつれて、心は却つて益々騷いで如何ともすることが出來ない、これを靜めやうとすればする程尙靜められなくなつて來る。一度不眠症を起してどうしても眠りつかぬ故、眠らうとすればする程尙眠れなくなつて、眼は段々冴え切つて來るのと同じやうである。生理的にこれを說明すれば心を靜めるにもせよ、眠りつかうとするにせよ、等しく心を無何有の鄕に馳せて一切何事をも思量せず、又思量すまじとも思はず、たゞ悠然として自然に任する外はないのである。なまじか思ふまい〳〵と思つたり眠らう〳〵ともがくから、血液が腦へ流れて行つて益々色々のことが頭に浮んで來るのである。ところが一週間ばかり熱心にやり妄想の起るのもかまわず、熱心勇猛に坐つて居ると、眼は開いて居ながら、さて何を見るといふのではない、耳は別に塞いで居るのではないが、さて何を聞くといふでもない、呼吸は段々靜になつて殆どあるかなきかと疑はるゝ迄少なくなる。甚だしい時は殆ど呼吸が絕えたのではないかと思ふ位になることがあつて、後で氣が付いて今迄呼吸して居つたかどうかと自身で分らぬやうなことになる。身體は動きもしないから手が何處にあるか分らず、何だか身體が空中につり下つて頭上に天空を戴かず、脚に大地を踏まず廓落たる太

八面透徹

虛唯我あるのみといふ風になる、其の『我』と云ふやつが手も足も胴體もない、八面透徹の何ともいはれぬ境に入つてしまふ。其味の愉快と云ふものは實に口舌の盡し得る所でない、特種の愉快て他に於て見ることが出來ぬ。予等は今ならば先づ五分も坐れば此境界に入ることが出來る。

靈明的忘我

これを靈明的忘我と云ふ。一旦此境界に入れば一切の苦樂、喜憂、哀歡盡く忘却してしまふから氣の早い人は、これを以つて直に悟りとするのである。予もこれが悟りだなと思つたことがあるが、これは決して悟りでない。予は禪學者ではないから詳しい事はしらぬが、禪ではこれを悟りと見めて居らぬことは予の堅く保證する所である、禪ではこれを現境と稱して、修業の横道に入つた魔境として斥けて居るのである、予もこれを悟りと心得て室内で呈して見て怒鳴りつけられた覺えは屢々ある、楞嚴經には五十の魔境を擧げて、中には之よりも面白いのがあるけれど、今此で説明することは出來ぬ。

生理的説明

今は予は此の狀態を生理的に説明せんか、時間は變化である、變化がなければ時間がないといふ、筆法から行くと感覺は運動である、運動がなければ感覺がないと言ふことが出來る樣に思はれる、手足をふり動して空氣に觸るればこそ、手足の感覺も覺えもするが、ぢつとさせて置いて一切外物との接觸を靜止不動ならしめたらば、我身と外物との摩擦が起らぬために、感覺が次第に摩痺して其の存在を自覺しないようになるのは自然の結果で、手足や胴體の消えてなくなるのも、畢竟此の理に外ならぬのである。

彼の後世大事に金貨を握り〆めて、一時間も二時間も其まゝにして居たら、何時しか金貨を握り〆めて居るか、居らないか分らなくなつてしまふのと同じことである、耳や眼のきかなくなるのも同じ譯で、心に視る氣がなかつたり聽く氣がない時は、眼も一杯に見張り現に生理的には視覺の容體が眼に映つて居ながら見えなかつたり、耳の中へは諸種の音響の波動が現實に皷膜に傳つて、内耳の方へ送られても一向自身に聞えない事が、よく日常起る出來事にあることであるが、それは耳の感覺が痺れてしまつて、耳には入らなのではないが、耳に止まらなくなつたのである、斯して五官の感覺がなくなると身は空中につり下りて、一切娑婆世界と關係がなくなつたようになるのも無理のないことで、斯の如き境界は打坐も何もせぬ時には、夢想だも出來ない一種特別の奇妙な境界であるから、自ら一種他に類のない愉快を感ずるのである、尤も此の愉快を感ずるには唯日常の境界に見られない、一種不可思議の境界であるからと云ふ理屈の外に、尚説明すべき點がある夫は呼吸の作用てなる。打坐の時の深息は下腹て徐かに呼吸するのである。下腹で呼吸することは、胸て呼吸するよりも心持のよいもので、夫れが不揃にならず極々調子よく長短、强弱が整つて來ると、夫ればかりで心身の上に非常の愉快を感ずるものであつて、この呼吸の調子を整へば、血液の酸化作用から内臓の運動まで皆調子が整つて來るから、身體の調子のよくなるのは當然のことで、丁度道を歩くに急いだり休んだりするよりも、ゆる〳〵と一定の調子で歩けば疲勞の度が少ないのと同じ理屈である。

靈明狀態

以上は只だ靈明法の打坐の實驗である。上述の如き快感を覺ゆるの狀態、これを稱して靈明狀態と云ふ。

第七章　靈明法の工夫

萬物歸一

一歸萬物

萬物歸靈明

妙なるかな天地。奇なるかな宇宙、其の間の萬物は各々其の姿を異にして而も、各々其の處を得て少しも變らざる常住不動の態を示して、柳は綠、花は紅、山は高く水長し、而もその柳綠、花紅も山高も水長も、其の儘同一本體の顯現で、これを感情の上より見れば悉く佛の發現にして、又神の理に外ならずして、其の光明は到らざる所なく、これを又理智の上より云へば、萬法は竟に一に歸し一も亦萬法に歸する、これ宇宙の妙理である。卽ち換言すれば萬物は靈明に歸し、靈明は又萬物に歸する。然して只に大なる宇宙のみの妙用のみでなく、宇宙の一物たる吾人の心も

靈明歸萬物

亦此の妙用を具へて居るので、孟子の所謂萬物我に備はると言つたのもこれである、此の妙理妙用は凝然として吾人の心に備つて居るのである。其の心を觀じ此の應用無礙なる天地の妙用を見來るが靈明法で、此の宇宙觀卽ち人心觀宇宙の妙機卽ち人心の妙機である。是を悟り是を體得するのが靈明法の修養である、萬物悉く異なるが如く萬人の心はもと萬人の心で萬人悉く同じではないか、萬物悉く其の本の同じきが如く、萬人の心靈の中には同じきものがある。然して同じと云ふも只だ似たりと云ふにあらず、其の似たりと云ふは相對的の比較であつて、此の同じところのあると言ふのは絕對平等の一で、萬人の心靈卽ち我が心靈と異なる所はないのである。我が心宇宙自然と渾一にして宇宙自然もまた我が心の外に出でぬのである。

凝然たる靈照

觀じ來らば萬人の心卽ち我が心となり、我一心直ちに宇宙の心となり、玆に於て絕對平等無差別のものとなるのである。然して此の無差別なるものは萬樣同じからず、千態相異なれりとして差別の見に迷ふのが我々凡夫である。本來平等無差別のものを我から差別の上に沒頭して、我が身を苦しめつゝあるのである。

心靈と靈明

吾人は絕對無限悠々自在の境に處しながら、囹圄の裡に蹐跼して進退谷まる窮境に呻吟して居るのである。

是れ自繩自縛であつて、身元來無繩無縛自由自在のもので、本來これ解脫の身ではないか、それを繩なきに自から自身を縛しながら救を他に求めるので、吾人はこの誰も縛らぬのに自から苦しんで居るのである、世人多くは亦繩なきに自から縛して、もと自由自在の境に處して居ながら、自から窮地に苦んで居るのである。然して其の苦しみの根本を何かと云へば、個々差別の偏見にありもせぬものに區別を立てて、我だの彼れだの愛だの憎だのと迷ふて居るからである、その差別の見を超絕して、直に我が心靈は是れ宇宙の心靈と一體なりと云ふところに悟入するならば、濶然とし大自在の境界に入り、悠々として心寬く體胖かなるを得るのである、此の時何の苦があり迷があらう。本地の風光明媚たる自由自在の境、しかも此の境は別に遠くこれを求むべきではない、大道は脚下に橫はり宇宙の靈機は汝の心にあり。我の心は種々妄想差別の上に迷却して、本源の心月を悔ますのである。それで吾人は打坐して本源天眞の心を見るべきである。然らば曠却の無明は當下に灰滅して本源絕對の心光心明、盡天盡地に輝きわたるのである。こゝに於てか靈明法の工夫が必要となるのである。

第八章　靈明法の極致

修養其の効を種みて妄想の我が心裏を犯すなく、邪念の我が思慮を亂すなきに至れば、吾人は愈々宇宙の大道を離れず、一擧一動天地の妙用と合致する事が出來る樣になるのである、何をか宇宙の大道と言ひ天地の妙用と云ふか、吾人の宇宙は偉大なる實在則ち神の顯現なりと云ふのであつて、此の神は決して現象界の外にあらざるを信ずるのである。而して宇宙は絶對である又正善である。佛敎の眞如と云ふも之に外ならないのであつて東坡の、『溪聲便是廣長舌、山地無非清淨身』。で此の宇宙の妙趣は眞實如常に外ならぬのである。されば此の法に順するを善とし、之に反するを以て惡とし、玆所に入道の根底を置き、念々離れず擧止之に背かざるを以つて、宇宙の大道に從ふと云ふのである。然して吾人の心裏には此の妙趣と脚絡貫通する靈妙なる者があるので、是れを發揮して行くのが修養の道程であつて、此の大道に違ばざる樣にして行くのが人生の要路である。人は一個の小宇宙（個性の心靈）であつて、此の小宇宙が彼の大宇宙《宇宙の大心靈》と離るゝ事なく、其の妙用を盡くして行くのが吾人の務めてある。若し其の小に執して大を忘れ、唯だ自己の欲求する處にのみ走れば其本務を失却するに至る。是れ世に敎へなる者のある所以にして、古聖の示され先賢の說かれたる道德倫理の要は此所にあるのである。吾人は自ら奮つて心裏の靈光を發揮し宇宙の大道に則り、更らに聖賢の言行を模範として歩一歩之に近つかん

宇宙の大道天地の妙用

小靈明大靈明

事を計らねばならん。又刻苦勉勵して其の修養に努めねばならぬのである。而して吾人は宇宙の大道を看破して、萬物の一體にして無盡に調和する事を知り、差別の現象を其の儘に平等一如の本體が、其の儘に萬象差別の相を示す事を知らねばならぬ。此の理は吾人の要路を明かにして人の盡すべき道を敎ふる者である、此所に於て人は各々盡す可き本務あり、各々それを盡くして相和し相通じ、渾然一體圓融して天地の妙用を現はす者であるから、各々本務を盡くすと云ふも其の本體は一であつて相和し相通ずる事を忘れてはならぬ。各々其の本務を盡して相和し相通ずる所は、是れ差別其の儘に平等、平等其の儘に差別なる妙趣がある。

人は孤立する者に非らずして人類は共同生活てある、之を理解し得ば我の存在は啻に吾自身のためのみに非ずして、人類共同生活のためであると云ふを忘れてはならぬ。吾人の生存は人類共同生活のためであると解したらば我が任は重く、我責は頗る大なる者であると云ふ事を知らねばならぬ。故に靈明打坐を修養しても、山寺に閑居し世塵と遠ざかり遁世の人となつてはならぬ、遁世して自ら道を守ると云ふも其道を行ふ事は出來ない、社會の共同生活に向つて何等貢献する事もない、此等は所謂死道德であるから世と離れ社會と絕つは、自己の修養のみを思ふて利他の行爲を忘れた者であつて誠の道てないのである。遁世脫俗して自己の精神を清淨ならしめる事が出來ても、少し世塵に觸るゝと折角の修養も其功なきに至るほどの者なら、其の修養は功を積んだとは云へぬ、古歌に、『坐禪せば四條五條の橋の上、行き來の人を深山木に見て』と云ふのがある。是れは修養の極に達した者でない。四條五條の橋上衣香扇影に心を動かす無きに至りてこそ修養も其極に達したのである。それを深山木に見なければならぬ間はまだ〳〵充分でない、其極に達せば、『坐禪せば四條五條の橋の上、行き來の人を其儘に見て』でなくてはならぬ。菜根譚にも、『靜中の靜は眞の靜にあらず、動處に靜し得來て、纔に心體の眞機を見る』と。ありて道を守るものも動靜の二境にあつて、心を左右にしてはならぬのである。趙州和尙が其師南泉禪師から『平常心是道』と喝破せられた如く、平常心が其儘に宇宙の至理天地の公道の發現にならねばならぬ。若し夫れ我が心此の至理公道と一致し、喫茶喫飯も是れと離る事がなかつたならば、吾等の一擧一動は卽ち是れ宇宙と一擧一動、吾等が生死去來は卽ち宇宙の生死去來で、吾等と宇宙とは何の隔絶する所なし、宇宙の普遍なる如くに吾等普遍に、大道の無限絕對なる如くに吾等亦無限絕對である。又我が心にして大道と一致する時は、此の自己は小なる自己にあらずして大なる自己である。卽ち天地と大を等しく宇宙と其廣を同うするの自己である。是は修養其功を積みて到るべき境で、心を此境に住すれば日常生活が其の儘に道を行ふ事になるので、道を行ふと云ふも特殊な事を行ふのでない、商業家が牙籌を手にしつゝ、農家が耕鋤を用ゐつゝ、官吏が刀筆を使ひつゝ、乃至軍人は劍を提げ馬に鞭ちつゝ社會の共同生活を助け、其進歩發達を計る中に大道は現前し道を行ふの功は成るのである。道は空理にあらず又空論にあらず、大道は現前し至理は露現す是れ眞如の妙用である。宇宙の妙趣これを明かにし天地の至理これを詳かにして居る。是れ吾人の務むべき所で古聖先賢の範を垂れたる所である。徒らに理を說き義を究むる事を知て、實際に是を行ふ事なくんば未だ道を得た者と云ふ事は出來ぬ。されば吾人は唯だ是を信じて行へばよいのである。

空理に非ず靈明の現前

第九章　靈明法の觀心

禪では普觀坐禪儀に、『箇の不思量底を思量せよ、不思量底如何んか思量せん、非思量此れ乃ち坐禪の要術なり』と示してある。而して此の不思量底を思量せよ、不思量底如何んか思量せん非思量とある、此處に身心脫落脫落身心して、天地自然と冥合するの妙境に至るので、特に高祖大師の坐禪は、善惡をも思はず是非も關する事なく、只管打坐の正當が直に佛であり悟りであるのだから、別に佛となろう悟りを開かうと求める必要もないのである。

不思量底の思量

次に不思量底を思量せよと云ふと、如何にも思量せぬやうに工夫せよ、無念無想になれと要求するが如きも然らず、非思量の非は超越の意味で、思量不思量を超越せよと云ふのである。思量不思量を超越すれば思量するも可、不思量なるも可である、されど其の異なるは思量に執せず、

二量の超越

不思量にも着せざるにあるのである、例へば悲しむべきに悲しみ、喜ぶべきに喜ふは可、されど其悲喜のために捕虜となつてはならぬ、男女相愛するは可、されど其愛に溺れてはならぬので、これが不思量底の思量であつて非思量と云つたのである、大活現前して妙用無碍とは此邊の消息

大活現前

を謂ふのである。靈明法の觀心に就いて尙詳しく説明すれば、思量とは思ひ量るなり、不思量とは思ひ量らざるなり、そこで不思量底の思量卽ち非思量と云へるは、思量は思量のまゝにて宜し、不思量は不思量のまゝにて宜しいとの意にして、これを例せば鏡の前に人立つ時は、其影現れ（思量）人なき時は影の現ぜざる（不思量）が如く、現も眞面目、不現も眞面目、思量も眞面目、不思量も眞面目、旣に何れも眞面目なりとせば、一を可とし他を不可とするの謂れなき旨を示されたのである。

之を換言せば坐禪は思量も可なり、不思量も可なりとの意にして、觀心の必要なしとの意にもなるなり、故に坐禪は唯安樂の法門なりと云ひ、或は唯打坐を務めて兀地に礙ゑらるる萬別差別と

謂ふと雖も祇管に參禪辨道す可しと云ふ、之を要するに兀々と坐定する處、何等の觀心も用不着、思量起らば起るに任せ、起らずんば起らざるに任す、只だ任運に兀坐す可しと云へる者である。然しながら玆に注意すべきは非思量の一事なり、鏡の前の人は鏡曇る時曇影と現じ、人なき時は其處に只だ無影曇鏡を見る如く、心邪念あれば其思量は邪思量となり、不思量は邪不思量となるので、前の思量可、不思量も可とは、邪心ならざる時の思量及び不思量を云へる者にして、決して邪思量や邪不思量を云ふのではない、此邪ならざる思量及び不思量を指して非思量と云へるのである、不思量底の思量は實に此の非思量の意なるを思はざる可からずである、然して邪非思量は起り易く非思量は得る事難し、故に其の修業の必要を生ずるものである。

彼の浪華節語りの如きは其の技を錬磨するに至りては、常に腹の力を養成して其の聲を發するや必ず腹部よりするので、是れ彼等の音聲に活力と生氣とある所以である。彼等の此の腹力養成たるや全く坐禪の丹田養成と一致するのであるが、而して彼等は一度講席に着かば堂々の美技を現はし得るも、之を普遍的に應用して所謂茶に遇うては茶を喫し、飯に遇うては飯を喫する底の妙活用を現前するといふ事は必ずしも求むる事は出來ぬのである。是れ彼等の腹力養成たるや有所得心一片の修養にして、未だ觀心の妙味を練らざるからである。禪は決して聲のみの練習にあらず、何んぞ夫れ腹力養成のみに止らんやである。

觀心の妙味

若し夫れ一度養心の妙味を喫して、是れより百尺の竿頭に一歩を進めんか、其の大用現前する處蓋し潑々として目も止らざる底の者あるのである。然して是れ只だ坐上の効果のみに非ざる事を、是れが修業の積むところ凡そ如何なる業務に當り、如何なる事件に遭遇するも往く處執る處、行ふ處一として可ならざる事なく、天上天下唯我獨尊の活機略を現成し得べきで、觀心の緊要それ大ならずやである。

第九卷　靈明法の十階段

第一章　十靈線の圖

靈明法至極の道程

離念きわまり無き凡夫の境地より、圓轉滑脫、靈能自在の境地たる、靈明法の奥殿極堂に對するまでの、修養の道程に十個の階段あり。

十靈線

本卷第二章以下に於て、此の十階段をは說明せんとす。然り而して其の十階段には各々その圖あり、其の全圖を『十靈線の圖』とは稱するなり。

純眞の氣分

抑も此の靈明法の十階段說は、實に我が靈明行道獨特のものにして、同時に靈明法を修得せんとする者の、最も心得ざるべからざる事なるを以て、極めて純眞なる氣分と、而して極めて嚴肅なる心持ちとを持つて、十二分に此の章を學修せざるべからず。

第二章　第一階段

第一階段

先づ第一階段より説明せん。第一階段、之れを赤外境と稱す。此の第一階段の圖、又これを第壹靈線圖とも稱す。茲に第一階段の圖を掲ぐ、之れを第一靈線の圖と稱す。卽ち圖に依つて示されたるが如く、一條の靈線が混亂し纏結せるを見るべし。圖に二個の線端あり、其の二つの線端に、各々一個づつの鉤《かぎ》あり、之を靈鉤と云ふ。其の向つて右の線端の鉤を右靈鉤と云ひ、左側の靈鉤をは之れを左靈鉤と名づく。又第一階段に在りては、靈線は纏れ〳〵て雲の如き狀をなす、是れを靈雲と云ふ。

人間は生れながらにして誰も一條の靈線を有す
靈冥

扨て、人間には何人《なんぴと》でも生れながらにして、靈明的の性能を有す、卽ち生れながらにして立派に、靈明に達し得べき一條の靈線を有するものなり。されど其の靈線たるや混亂して雲の如く、渦の如く、漠として何等一定の形を成さず、修養の何たるやをも知らざる、孩兒の如き情態にあり。修養何物ぞ我れ關せず焉と、修養の眼は全く昏冥し、日夜汲々として、利慾淫樂に耽るが如き類の人、すなわち此の第一階段の人なり。

第三章　第二階段

赤色境
第二靈線圖

第二階段、或ひは之れを赤色境とも稱す。此の第二階段の圖、又これを第二靈線圖とも稱するなり。

靈纏度

此の第二靈線の圖に於ては、もはや第一階段の時の如き靈雲無けれども、靈線は依然として纏結せり。されど前よりも幾分か其の纏れ〱の度、卽ち靈纏度が弱くなれるを見る。

靈皺

尙ほ一層注意して此の圖を見るときは、此の圖に於ては前圖の如く雲狀は成さざれど、靈線は恰も針線を曲げたるが如き、ギザギザあり。このギザ〱を靈皺と云ふなり。

扨て、第一階段に於ては未だ修養と云ふ事を毫も、考へざる浮草の如き境地なりしが、第二段

叩けよ然らば開かれん

邪道
通力
魔術

第二階段

は近年我國に續出する靈能者は皆この類なり。

第四章　第三階段

に入りて、漸く始めて我が心のそぞろに汚れ卑しきに思ひ到り、修養と云ふ事に始めて氣がつき、『たたけよ、さらば開かれん』と云ふ句の如く、叩かざれば道は開かれぬ。そこで俄かに修養を始める事になる、卽ち心の中の靈線が、其の雲狀態から脫し得たのである。されど、未だ全く靈纏から脫し得ず、而かも無數の靈皺の在るを如何せん。卽ち修養を目的としながら、返て邪道に陷り。通力と稱し、魔術と稱して徒らに靈怪的の術のみを行ふて得意滿面、軈ては其れが爲めに返つて元の利慾に迷ふに到るなり。印度バラモン外道、或ひ

橙色境 第三靈線圖 靈皺の消滅

第三階段、是れを橙色境とも云ふ。此の第三階段の圖又、これを第三靈線圖とも稱するなり。

第三階段の圖に於ては、最早や第二階段の時のごとく、靈皺は無けれども、靈纏度、即ち靈線の纏れ具合《ぐあひ》は依然として、第二階段の時と同じなり、否な、前階段によりては靈線の纏れの角、

第三階段

靈纏角

即ち靈纏角が鈍かりしが、第三階段に於ては、其の角が極めて鋭敏にして、靈線は實に鋭どき角を成して纏れたるを見るならん。

靈迷の歌

斯く第三階段に於ては、第二階段よりも邪道からは少々脱しし得たれども、心の迷ひは愈々強くなりしなり。そもそも迷ひなるものは一度生ずれば、修養其の奥義に到るに非ずんば、容易に除去し能はざるものたり。

心こそ心まよわす心なれ
心に心こころゆるすな

靈對

と云ふ靈迷の歌や、夫れ大ゐに味はふべき哉。

換言すれば第三階段に於ては、修養上やや見當が付いたとは云へ、修養の對的即ち靈對が未だ慥かと判らざるが故に、心は不安に襲はれて頻りに焦心《あせ》る。古今東西の説を或ひは聞き、或ひは讀めども漠として其の意を得ず、つひには疑迷その極に達し、往々にして之が爲め心に一頓挫を來し、軈ては大魔道に陥る事さへあり、之れ大に戒めざるべけんや。

第五章　第四階級

第四階段、是れを黄色境とも云ふ。此の第四階段の圖、又一名これを第四靈線圖とも稱するなり。此の圖に於ては、最早や前段圖の如き靈線の縺れは無く、全く靈縺消滅せし事を知るならん。されど此の圖を注意してよく見よ、第四階段に於ては、靈線は一種の縞の如き狀を成す、是れを靈縞と云ひ、斯くの如き狀態にあるを靈縞狀態に在りと稱すべし。

第四階段

黄色境
第四靈線圖
靈縺消滅
靈縞。
靈縞狀態

靈對の發見

即ち、第四階段に於ては迷疑の念はやや晴れ、朧ろげながらに靈對を見つけ出す事を得たりと云へども、未だ眞實に見つけ出したるには非ず。左右の兩靈鉤は其の行《ゆ》く方《え》に惑ひ、靈線は縺れの狀態よりは脫したれども、其の執《と》るべき形に惑ひつゝ、つひにゴマカシを用ひて、玆に靈縞狀態と云ふ形を執るに到れり、眞實に靈對を見つけ得ずして、自分自身の心をゴマカシて濟まし込んでゐる者、即ち似《え》而非《せ》修養者の如きもの此の類なり。

第五階段

綠色境

第五靈線圖

靈鉤その行き方に迷ふ

第六章　第五階段

次は第五階段、又綠色境とも稱するなり。第五階段の圖、一名これを第五靈線圖とも云ふなり。

前階段の圖に於ては、靈線がゴマカシ的に一時的に靈縞狀態を執りしかど、本階段に於ては稍々《やや》おち着き靈對の形、即ち圓の狀態となれり。されど左右の兩靈鉤は前よりも、一層烈しく其の行く

靈鉤浮游

靈明角

方に迷ひ、果して如何なる方向へ行かむかと、頸を傾けて考へつつあるものの如し、之を靈鉤浮游と云ふ。而も、靈線は稍々《やや》圓形らしき形を執れりと雖も、未だ烈しき角の狀態を成す。これを靈明角とは言ふなり。

身心二靈鉤青

扨て此の階段の人はゴマカシでは無く、やや靈對の眞相を見究め得たれども、其の心身二靈鉤の進むべき道に迷ひ、從て修養と云ふ事を口にし筆にしながら、實行の伴はぬものは此の部に屬すべきなり。

第六階段

第七章　第六階段

青色境第六靈線の圖

次には第六階段、之れを青色境とも云ふ。而して第六階段の圖、又第六靈線の圖とも稱するなり。

靈鉤合致

第一階段から第六階段までに於ては、皆な二つの靈鉤が浮游せしに反し、此の階段に到つて始めて、二つの靈鉤が互に合致した。之を靈鉤合致と稱する。卽ち一條の靈線が本階段に於て、始めて兩端が相連

靈線結縛
靈結點
靈明齒車
荒行斷食水行
藍色境
第七靈線圖

結したのである。之を靈線結縛と云ふ。而して二線端の連結せし點、卽ち兩靈鉤の合致せし點を靈結點と呼ぶ。尙本階段の圖を注意して見るに、靈照角は鋭く突出して恰も齒車《はぐるま》に似たり。依つて之を靈明齒車と名づけられたり。

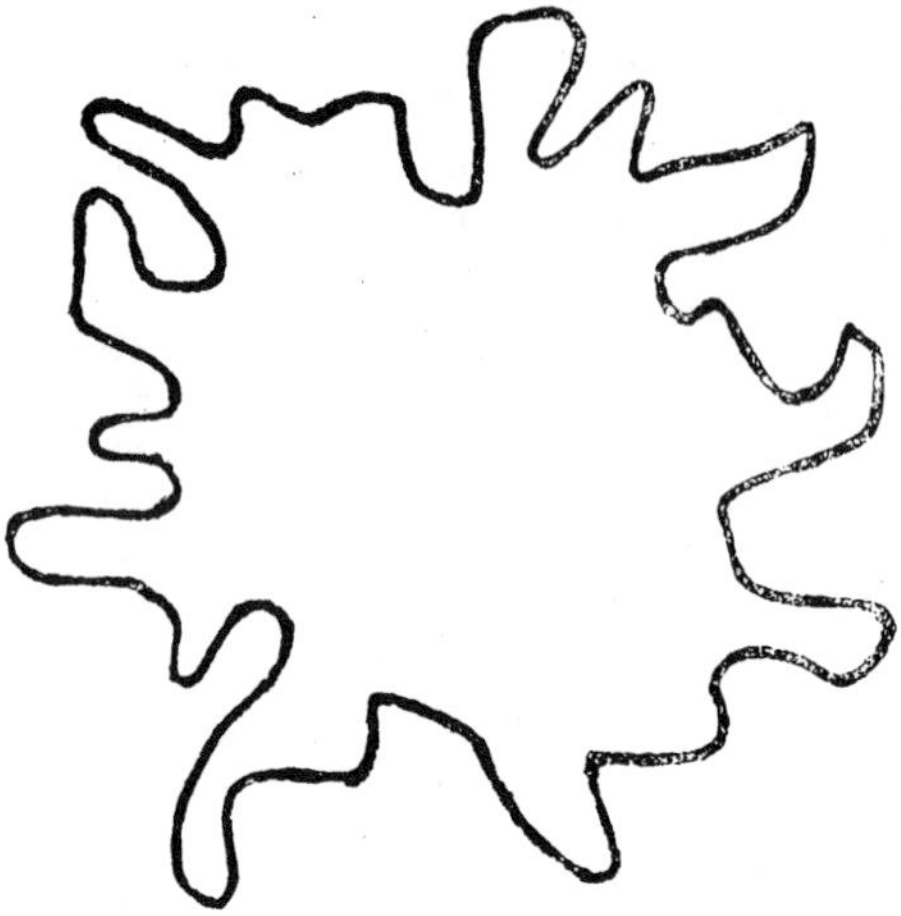

第七階段

いよ／＼靈對が明瞭に見え出した。靈線が結縛して靈鉤が合致した。故に迷ふて浮游して横道に入る様な事が無いけれども、まだ角《かど》が取れない。卽ち靈明角が突出してゐる。而して恰も水車に於ける齒車か、時計の齒車の如く肉體的の大荒行を始める。曰く斷食、曰く水行、曰く何と。仙人の如き、修驗者の如き皆な然り。

第八章　第七階段

第七階段、一名これを藍色境とも云ふ。此の第七階段の圖、また第七靈線の圖と稱するなり。

前圖と本圖との差異を考ふるに、前圖に於て

靈結點の消滅　靈明突起　靈明アミーバ

は靈結點ありたれども、本圖に於ては最早や靈結點は消滅せるを見る。又前圖に於ける靈明角は、本圖に於ては其の角が丸くなり、所謂突起狀となれり、之れを靈明突起と云ふ。又、本圖を一見すれば、其の形狀恰かもアミーバの如し、依て之を靈明アミーバと稱するなり。

扨て、本階段に於ては、第六階段の時よりも幾分か角《かど》も取れ、浮游的の憂ひも全然去りたれば、漸く靈對に近つき修練純熟の結果、誘惑に陷る事もなく、粗强なる妄情に驅らるる虞れなく、靈明行道の奧堂に達するも、今や焦眉の間に迫れりと雖も尙ほ遠し。卽ち本階段より始めて靈境に入れるも、未だ原始的の靈境、卽ち靈境の第一步にして、進化論上の所謂アミーバの如し。

第八階段

菫色境
第八靈線圖
靈明突起の消滅

第九章　第八階段

第八階段、一名これを菫色境とも稱す。第八階段の圖また第八靈線圖とも稱するなり。

前圖に於ける突起は、本圖に到りて全く消滅し殆んど

靈明パン

靈明凹凸

圓に近き形狀となり恰も麪麭《パン》に似たり。依つて是れを靈明パンと云ふなり。前述の如く本圖は殆んど圓形に近づけりと雖も、全く完全なる圓形にはあらで、まだ多少の凹凸あり。依つて之を靈明凹凸と云ふ。

卽ち本階段に達すれば、いよ〱靈對に近つき殆んど修養の至極に達せりと雖も、まだ其の修養には凹凸あり今尙ほ完全に到らず。

第九階段

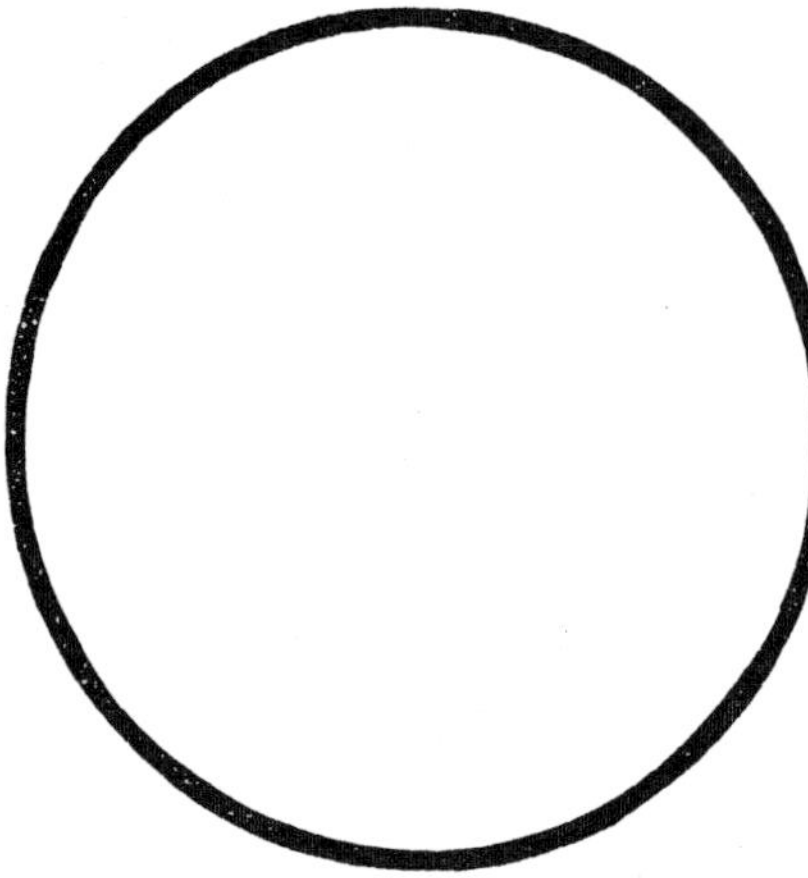

第十章　第九階段

紫外境

第九靈線圖

第九階段、一名これを紫外境とも稱す。第九階段の圖、また第九靈線圖とも稱するなり。

靈明圓

いよ〱本階段に到りて、靈線は始めて完全なる一個の圓形となれり。これを稱して靈明圓と云ふ。

靈妙不思議

圓は無邊無量にして妙靈不思議なり。圓は活潑々力の能力ありて萬人を畏服するの權威あり。

靈對は今や眼前にあり、靈明また指呼の間に在りと雖も、之を捕へんと欲して未だ捉ふる能はず、未だ以つて靈明たる美の殿堂に入りたるに非ず。彼の近時盛んに行はるゝ修養の如きは正に此の類に屬す。

第十階段

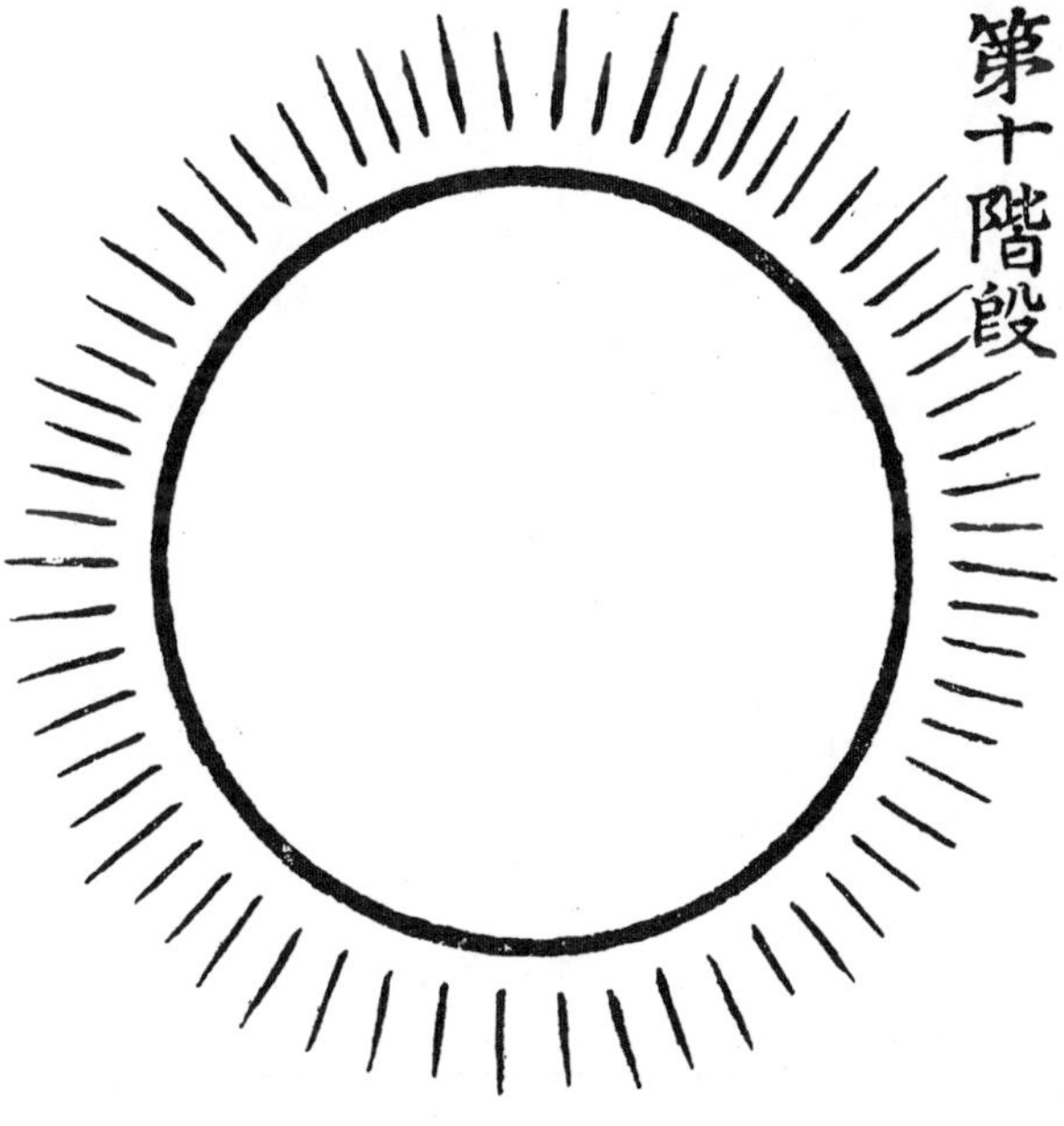

第十一章　第十階段

第拾階段、一名これを白光境とも云ふ。第十階段の圖、またこれを第十靈線圖とも稱するなり。

前圖に於ては、唯單に一個の圓のみなりしも、本階段の圖に於ては、燦然たる圓光を放つ。此の圓光を靈明光とは稱するなり。此の狀態を靈明光放射と云ふ。

而して此の靈明光は六十三條あり。依つてこれを六十三光と云ふ。『六』と『十』と『三』とを合すれば十九となる、十九は

6+3=9.

又、一九とも書く、『一』と『九』を加ふれば十となる。十は卽ち第十階段を表はす。更らに六十三は、６３とも書く、６と３を加ふれば、６＋３＝９．となる。九は卽ち萬物の始めにして又、萬物の終りなり。

美の殿堂
眞善美
神人

いよ〳〵本階段に於て、始めて完全に靈明たる美の殿堂に到着せり。靈明は卽ち萬物の始めにして、同時に萬物の終りなり。玲朗たる六十三條の靈明光は、燦として全宇宙に輝き渡り、眞に於ては全哲學を包含統一し、善に於ては全倫理を包含統一し、美に於ては全藝術を包含統一し、而も、靈能自在にして、全く威大なる一個の神人に達し得たりと云ふべし。之れを以て修養の終極とす。

第十二章　靈明スペクトル

物理學のスペクトル
分光器
色の配列
赤外線
紫外線

物理學に於て、スペクトルと稱するものあり。分光器と稱する三稜鏡に太陽の光線を通過せしめ、之を衝立に的《あて》る時は、其所に七種の色の配列を生ず。赤、橙、黃、綠、靑、藍、菫の七色これなり。尙ほ赤の前には眼に見えざる赤外線あり、菫の次には紫外線あり、之の九種を惣稱して、スペクトルと云ふ。

靈明色

今、靈明法の十階段を之に譬へて、靈明色なる觀念を生じ、第一階段を赤外境とし、第二階段を赤色境とし、第三階段を橙色境とし、順次、第四、第五、第六、第七、第八、第九階段を夫々、黄、綠、青、藍、菫、紫、外境とし第十階段を白色境とせり。

抑々、前述の九光線を合すれば、白色となる事は現代物理學の敎ふる所なり、第一より第九までの境を合して一境とすれば、茲に始めて白色境たる靈明を得るなり。この所、よく味はざるべからず。

第十卷　靈明法極祕

第一章　莊嚴なる祕法

準備的養案

諸子門弟よ、諸子は前數卷に於て靈明法の準備的素養の大略を得たるを以つて、今こそ我が靈明法の極祕を傳授すべき時が來た。

齋戒沐浴

今諸子は齊戒沐浴し、襟を正《ただ》して以つて最も嚴肅なる氣分に入り、而して此の莊嚴なる祕法に耳を傾けよ。

獨特の祕法

夫れ我が靈明法こそ、正《まさ》しく宇内に卓絶し、他に類例なき獨特の祕法なり。

秘法の順序

先づ整身の法、即ち靈明座の方法に依りて坐し、手に靈明祕密の印を結び、次に整氣の法、即ち靈呼照吸を行ひ、次に心に靈明觀を凝《こ》らし、尙ほ腹に靈明帶を締め、口に靈明經を誦し、而して靜かに靈明三昧に入りて、靈明符を奉拜するのである。

敬虔

今より之等の方法を、左に章を別けて傳授するが故に、諸子は最も眞摯にして而も、最も敬虔なる氣分を以つて修得せざるべからず。

第二章　靈明坐

坐法
結跏坐
半跏趺坐
等と靈明坐

靈明法を行ふには、先づ坐法から學ばざる可らず。古來、禪などに於ては坐法には種々の種類あり、たとへば結跏坐、半跏趺坐、正坐などが說かれてある。夫々みな利害あり、今わが靈明坐は實に完全なる坐法にして理想的のものなり。

靈明坐の祕傳

扨て其の靈明坐の方法は、先づ其の坐法を整へ、即ち兩足を並らべ、兩足の拇指を重ね合せる、即ち右の拇指の上に左の拇指を重ねるのである。而して膝は少し許り割つて坐すべし、尙ほ、脊骨を眞直に、即ち臀部を後方に突き出し、下腹を落ち着け、鳩尾を下して坐するなり。

正坐と靈明坐との區別
靈明坐の象徵的意義

右、斯くの如く爲すを靈明坐と稱す。靈明坐は一見、正坐に似たれども、全然異るものなり。

卽ち正坐に於ては、兩足の拇指を僅かに接觸さすなれど、靈明坐に於ては之を重ね合すなり。これ最も注目すべき事なり、卽ち邪惡たる右指をば、聖淨たる左指にて押ゆる事を意味するなり。

第三章　靈明秘密の印

結印

靈明坐を行ふ時に、手は如何になすべきか、手は卽ち靈明秘密の印を結ぶなり。

眞言秘密の印と靈明秘密の印

眞言秘密の印と稱して、九字または護身法なるものあり、今玆に靈明秘密の印と云ふ。眞言秘密的の印と、同樣に思はゞ大なる誤なり。

靈明印の結び方

然らば靈明印の結び方は如何、それは先づ兩手を膝の上に置く、卽ち金剛合掌する時の如く、兩手の各指を交互に組み、兩拇指を立て、さながら定印の如き形を執る、而して兩拇指は腹と腹とを合さずに互に重ね合す。卽ち右拇指の上に左拇指を重ぬる。斯くして臍の下の邊に寬く、丁度定印の如くに置く。之を靈照の印、または靈明合掌、又は靈明結印とも云ふ。

靈明合掌 靈明結印

此の靈明の印は、禪家の定印とよく似たれども、其所には大いなる差別あり。

卽ち此の靈明印には、天地合體、眞元發露の甚深なる意義が、象徵的に表はされるものなり。

第四章　靈呼照吸

靈明印の徵象的意義

靈明坐に依て坐し、手に靈明の印を結はゞ、次に靈明照吸と稱する呼吸法を行はざるべからず。

靈明呼吸と靈呼照吸

此の呼吸法を何故に靈明呼吸と云はずして靈呼照吸と云ふか。

靈呼照吸の方法

先づ靈呼照吸の方法より述べん。先づ靈明坐を坐し、靈明印を結び、さて極めて靜かに鼻より息《いき》を吸ふ、これ照を吸ふなり。それと同時に腹を凹《くぼ》まし、殆んど腹の皮を脊へ密着せしむる如く努力す。而も其のとき頭頂の中樞に力を入れる。次に其の息《いき》をば徐ろに口より吐く、これ靈を呼《は》くなり。その時、腹を凸《ふく》らし、出來るだけ膨脹せしむ。而して、これと同時に又、頭頂の中樞に力を入れるなり。

頭頂の中樞に力を入れる

人間身體内の靈明點

抑も人間の身體には、血管と神經の分布及び筋肉の組織により恰かも扉子の要《かなめ》の如き要所が所々にあり。これを靈明點と云ふ。灸點の如きも凡て此の靈明點を覘つて炷えざれば効なきものなり、又按摩の如きも指の先で押えなば効多きものなり。今、頭頂もまた一つの靈明點なり、頭頂に力を入れるは之れがためなりと知るべし。

靈を吐き照を吸ふ

斯く靈呼照吸は、普通の呼吸法の如くフーフーと、只單に息を出入さすに非ず、吐くは靈を吐き、吸ふは照を吸ふなり。故に單に靈明呼吸とせずして、靈呼照吸とせしなり。而して、靈を吐《は》く時に、阿《ア》と叫び、照を吸ふ時に吽《ウン》と叫ぶ。故に、これを又、靈阿照吽とも云ふ。

靈阿照吽

第五章　靈明帶

靈明帶とは何ぞや

靈明帶とは、靈明法を行ふ時、否、靈明行道に入りたる者は必ず日常、着用せざるべからざる一種の帶なり。

靈明帶の沿革。

今先づ靈明帶の沿革を述べんに、古昔、印度に於て禪助と稱するものが用ひられた。それは革で造つたものである。斯の古い佛畫を見れば皆帶の如きものを腹に括れるを見るならむ。是れ卽ち禪助なり。其の後、我が國に於ても禪家にては、坐禪帶と稱して之に類似のものを用ひられたれども、皆な我が靈明帶に比ぶれば大いに遜色あり。

靈明帶の圖

靈明帶の製法

然らば我が靈明帶の製造は如何。其の法は白木綿《さらし》の硬からさるものを、八尺に切りて之れを二つに折り疊み、其の中央六寸ほど脱脂綿を入れるなり。（圖を見よ）。但し其の脱脂綿の分量は、夏は薄く冬は厚く入れるを要す。而して其の中の脱脂綿は折々出して日光に曝《さら》すを可とす。

靈明帶の用法

次に其の用法は如何。其の用法は臍の下、丹田部に卷き括るなり。臍の上、卽ち季肋《アバラ》の端《ハシ》、章

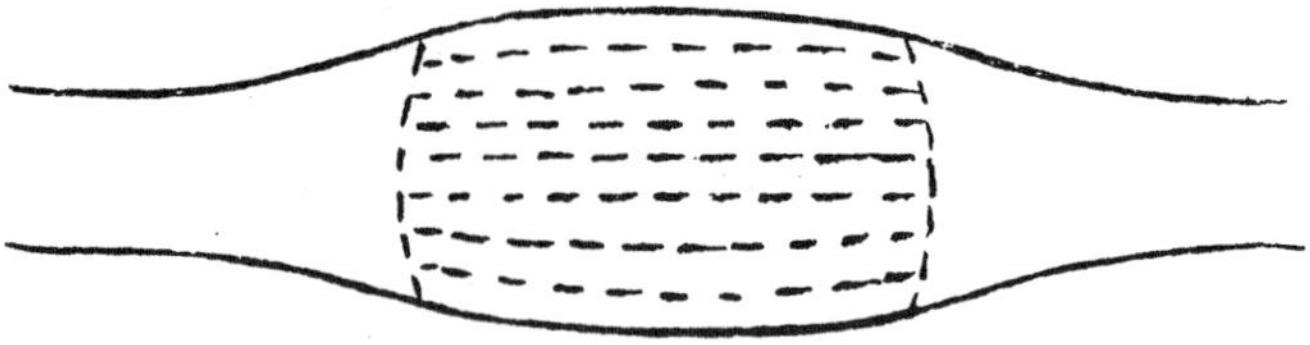

（靈明帶の圖）

門の所を廻はして、括りつけると云ふ方法もあれども、此の方法に依る時は腸の下垂を起し、便祕、肺尖カタル等を來すの弊害あるを以つて、靈明帶は必ず下腹部に締めるを要す。

靈明帶の効果

靈明帶は、啻に靈明法の祕傳として靈明を得さしむるのみならず、之を用ふる時は又、胃の活力を增進せしめ、消化力を大ならしめ、腸の健全を助け、肺及び心臟の機能を完全ならしめ、軈ては一切の病氣を防ぎ、且つ之を治療し得るの特効あり。

靈明帶を常に腹に括る時は、其の馴れざる間は多少、苦しさを感ずれど兩三日之を忍べば遂ひには馴れ、之を用ひざれば居られさるに到る。

第六章　靈靈照照觀

靈明祕密の觀法

今より我が靈明法獨特の觀法たる、靈明祕密の觀法、即ち靈々照々觀の方法を傳授せんとす。

靈明觀と靈々明々觀

靈々照々觀とは何ぞや、何故に靈明觀と云はずして、靈々照々觀と、靈の字と照の字とを繰り返へすのであるか、其所に甚深の意義があるからである。

(一)青色輪觀

(一) 青色輪觀　先づ靈明坐に坐し、靈明印を結び、靈呼照吸を行ひて心神をば極めて靜かにし、默想の間に心神の清靜を待つ。心靜になれば眼を細微に開き、己が前なる壁、又は眼前の空に約一肘量ほどの、月輪の如き青色輪を觀ずるなり。其の輪たるや極めて鮮やかなる青藍色、卽ちコバルト色を呈し、其の麗はしき事、眼も醒めんばかりなりと觀づるなり。

(二)靈星觀

(二) 靈星觀　次に其の青色輪の中に、やや濃き青色を以つて無數の靈星を畫かれたりと思ふ。卽ち第四卷の第一圖の中の全宇宙と同じ形を觀づるなり。

(三)焚燃觀

(三) 焚燃觀　青色觀から星靈觀に移らば、次には焚燃觀に移る。卽ち其の輪の下から火が燃え出したと觀ずるのである。卽ち火が燃えて、頂度、食物を煮るに鍋を炊く樣、其の輪の下に火焰をも觀ずるなり。

(四)沸騰觀

(四) 沸騰觀　焚燃觀に依つて、青色輪中の靈星は煮沸せられる。尙ほ輪の下の火が盛に燃えて、つひに輪內は沸騰を始め、靈星は烈しく振動してゐる樣に觀ずるなり。

(五)爆發觀

(五) 瀑發觀　輪內は烈しく沸騰を始めたにも拘らず、尙ほ火は焰々として猛烈に燃え上る。輪內は、ます〱激烈に沸騰する。然るに此の輪は恰も密閉せるフラスコの如く、少しの蒸

靈明微粒子の飛散

氣も漏れる穴が無い、火は白熱的に燃える、つひに輪は轟然たる一大音響を發して爆發し、無數の靈星及び靈明微粒子は、バラ〳〵と空に飛散し、無數の靈明微粒子は、恰も霧の如くパッとばかりに、天地の空間に塞がり、爲めに咫尺も辨ぜざるに到る。これを以つて觀法は漸く一段落を告げたのである。以上の五段を總稱して靈々照々觀とは云ふなり。實に我が靈明法獨特の觀法なり。

獨特の觀法

第七章　靈明經の奉讀

靈明經の奉讀法

靈明法を修するには、必ず靈明經を奉讀せねばならぬ。其の靈明經の全文は既に第三卷に垂示した。今、此の奉讀法は餘り急ならず。徐ならず、聲は餘り高からず、低からざるを可とす。而して之を續けさまに三回くり返へすを一轉讀と云ひ、六回くり返へすを二轉讀と稱し、九回くり返へすを三轉讀と云ふ。普通は三轉讀を以て正規の奉讀法とするのであるが、其の時の都合によりては、一轉讀にても可なれば、又四轉讀にても五轉讀にてもよし。

一轉讀　二轉讀　三轉讀　正規の奉讀法

此の靈明經は、初修者にとりては流暢に奉讀し能はずとも、何回も之を練習する時は、流暢に轉讀し得らるゝものなり

第八章　靈明符

靈明符とは何ぞ

靈明符とは何ぞや。是れ一種の護符なり。靈明法修行者は、其の修行中は勿論のこと、平時と云へども斷えず之を懷中に所持して、常に其の崇嚴なる靈理を念頭に置くを要するなり。

奉製法

然らば其の奉製法は如何。先つ上等の奉書《ほうしよ》を一枚、持ち來り、其の上へ濃き墨を以つて太筆あざやかに『眞元』と謹書し、それを、細かく折り疊み、小さき白木綿袋に入れるなり。これを稱して靈明符と云ふ。

第九章　靈明三昧

極祕の傳授

以上、數章に涉りて大略、靈明法の極祕を傳授し終りたれば。いよ〳〵本章に於ては、前數章に於て述べたる所の事を纒めて、秩序的に靈明法の修養法を記述せんとす。

靈明法の順序

先づ第一に靈明坐をなし、靈明祕密の印を結び、而して靈呼照吸を行ふ。約十五回ほど行ふ。此の場合は第二章及び第四章に於て述べたる諸注意を守らざる可らず。殊に頭頂に力を入れること最も大切なり。卽ち三丹田の調節を企つる事が大切なり。三丹田とは上丹田、中丹田、下丹田

三丹田
上丹田
中丹田
下丹田

を云ふ。丹田と云へば下腹のみと思はば大なる誤りなり。下腹は下丹田、而して腹は中丹田。頭は上丹田なり。此の三丹田の調節は、靈呼照吸の時の最も肝要なる事柄なり。

右、靈呼照吸十五回位ひすれば、次は直ちに其のまま靈明經の奉讀をなす。但し靈明坐及び靈明の印は、修行の終るまで之を崩すべからず。靈明經の奉讀の次は、直ちに靈々照々觀を爲し。之れを以つて終る。

黎明行
日中行
夕暮行
深夜行

右を日に三回以上は必ず修すべし。先づ朝の黎明に行ずるを黎明行と云ひ、晝に行ずるを日中行と云ひ、夕方に行ずるを夕暮行と云ふ。而して尚ほ深夜に行ずれば深夜行と云ふなり。一日に三回以上は必ず修せざるべからざるなり。

發動源に靈を受く
發動源に力を感ず
靈明法の効果
靈明三昧に入る
靈明淨土

之を行ずる時は發動源即ち眉間に一種の靈を受け其靈力を感じ、恍惚として一大淨土に遊ぶが如き感ありて、實に心身の爽快を覺ゆるなり。これを靈明三昧と稱す。或ひは又之れを極樂淨土に譬へて、靈明淨土に遊ぶと稱するなり。實に靈照不可思議、譬へんすべも無し。

第十一卷　結論

第壹章　結論

結論

以上、第一輯を述べ終りぬ今こそいよ〳〵結論に達せり。

靈明通力
靈明術
靈明學

述べ去り述べ來りて玆に到る。要するに、靈明行道の聖典の第一輯にして、專ら平素の修養法とも稱すべきものなり。更らに進みて靈能を發揮する靈明の通力を養成するの術、卽ち靈明術を諸子は第二輯に於て傳授せられ、最も雄渾壯大なる靈明行道の理論、卽ち靈明學をば第三輯に於て學ばざるべからざるなり。

されど靈明法を修せずして靈明術に通ずる能はず、靈明學を解する能はず。換言すれば靈明法は實に靈明行道を修せんとするものの第一階段なり。

諸子よ、それ能く之を修得せよ。それ能く之を體得せよ。

注意

諸子は第三輯附錄の簡易靈明法を一二週間修得して、然して後ち此の靈明法を修行せば、容易に體得し得るなり。

又病氣ある人は必らず、簡易靈明法を通徹して、後ちに靈明法を修行せば、治病上非常なる効果を見るべし

靈明行道聖典第壹輯

終

修得證授與規定

第一條　靈明法ヲ修行シ通徹シタルモノハ本會會則ニ依リ修得證（直接教授ヲ受ケタルモノハ印可證）ヲ請求スルコトヲ得

第二條　修得證ヲ請求セントスルモノハ『實驗報告』及ビ『靈明法ニ對スル感想』ヲ半紙型罫紙ヘ明瞭ニ記シ修得證手數料トシテ金貳圓ヲ添ヘ本會宛申込ムヘシ（報告ノ際ハ會員番號明記ノ事）

第三條　本會ハ報告書ニ依リテ其可否ヲ審査シ通徹ト認メタル時ハ直チニ修得證ヲ送付ス

但通徹ト認ムル能ハザル場合ハ手數料ヲ返金シ修行ヲ續行セシメ完全ニ通徹シ得ル迄質問ニ應ス（質問ハ簡單ニ其要點ヲ記スル事）

心靈哲學會

靈明行道聖典第二輯（靈明術講授祕錄）目次

第一章　科學の破綻……一四

悠々乎――杳々乎――無極――萬有は冥々たり――凄絕の幽水――廣茫無限――二十世紀以後の新文明――人類の害毒。

第二章　非ユウクリッド幾何學……一五

眞理の動搖――驚歎の眼――ニウトンの運動の法則――非ユウクリッド幾何學とは何ぞ――ユウクリッド幾何學「二點間ノ最短間ノ最短距離ハ必ズシモ直線ニ非ズ」――「平行ナル二直線ハ交ル事アリ」――「三角形ノ內角ノ和ハ二直角ニ等シカラズ」――科學の行き詰り――不安の雲。

第三章　超自然力……一六

自然力の意義――超自然力とは何ぞ――理外の理――靈明術と超自然力。

第四章　法術の靈能……一七

法術の意義――古來の法術――奇蹟――絕對的不可解――靈能とは何ぞ――奇蹟能力。

第五章　靈明力……一七

靈明力の意義――靈能の根本力――靈明術と靈明力――發電機――モートル――大自在力。

第十四卷　靈明術實修法極祕傳授

第十六卷　化學破壞術

第十七卷　物理學破壞術

第十八卷 靈明神祕術

第十九卷　靈明療法傳授

第二十卷　臨床靈念法傳授

第二十一卷　株式期米 相場測定祕傳

第二十二卷 比較靈明術

第二十三卷　神格發現論

靈明術講授秘錄

終了

霊明行道聖典第二輯

霊明術講授秘録

霊明行道照元　木原鬼佛講述
霊明行道本部編纂
心霊哲學會發行

第十二卷　霊明術汎論

第一章　霊明術の意義

我れ今、三業を清《きよ》め、謹み敬ひて第二輯を開講せむ。

慰藉の露

清《きよ》らかに澄《す》む大氣の中に、
慰藉の露《つゆ》の
地に零《こほ》るゝとき、
——慰藉の露は總べての
柔和なる慰藉者におなじく
軟《やはら》かき靴を穿《は》くゆえ、——
聞へず見えず零るゝとき、

あつき心よ

その時汝は記憶するか、噫《ああ》あつき心よ、

天上の涙
露の滴

曾て汝が天上の涙を、露の滴《しづく》を
如何に渇望したりしやを記憶するか。
黄《きい》に枯れし草場の徑《みち》を、
黒《くろ》き樹《こ》の間《ま》を汝を繞りて、
意地わるき夕陽の、

心の陽光

煌々たる毒心の陽光の走りしとき、

如何に汝が焦れ、疲れて
渇望したりしかを記憶するか。

『眞理の求愛者なるか、汝は』。――斯く人々は嘲りき――、

眞理の求愛者
ただ人間なるのみ

『否。ただ人間たるのみ』。
禽獸なり、狡猾なる、掠奪する所の、潛行する所の禽獸なり、
僞らざるを得ず、
意識して僞り、故意に僞り、
獲物を望み、
種々なる色に假面を被《かむ》り、
それ自らに假面となり、
それ自らに獲物とならざるを得ず。
そは――眞理の求愛者なるか。
否。たゞ痴人なるのみ。人間なるのみ。

色の虹
僞の天
僞の地

唯だ種々なる色に語るものゝみ、
痴人の假面より種々なる色に叫びて、
虛言の橋を、種々なる色の虹《にじ》を渡りて、
僞の天《そら》と
僞の地《つち》との間を
逍遙し、かつ潛行す——。
たゞ痴人なるのみ。人間なるのみ。

影像
神の像

　そは眞理の求愛者なるか、求愛者なるか——。
靜寂、硬直、平滑、冷酷にあらず、
影像と、
神の像とならざるなり、
神の門番として
殿堂の前に据えられざるなり。

眞理の像

否。眞理の斯かる像に仇敵たり、
殿堂の前にあるよりも、
總べての野にありて寛《くつ》ろぐなり。
猫の放恣に充《み》ち、
總べての窓をぬけ、總べての偶然に、

原林

すべての原林に跳躍す。
――汝が原林の中に、

斑點ある猛獸

種々なる色の斑點《まだら》ある猛獸の間に、
罪《つみ》深く健《すこ》やかに、種々なる色に、美しく、
逍遙するを得む爲めに、

願望の唇

願望の唇《くちびる》をもて、
幸福に愚弄して、
幸福に地獄めき、

血に渇く

幸福に血に渇き、

掠奪し、潜行し、虚言して、
逍遙するを得む爲めに、
嗅ぎ求め、慕ひ求めて
すべての原林に跳躍す。

或ひは、かの長く
長く茫然として深潭を
其自らの深潭を眺むる鷲のごときか。
ああ、如何に彼等は此の所に下に、
下へ、下へ
下へ、下へ、
深き深み
いよ〱深き深みへ舞ひ下るかな。
さて、
忽ち、
驀地《まつしぐら》に、

小羊の上に落し來る――、
烈しく飢えて、
小羊を求めて、
總べての小羊の魂を怒り、
又すべての、羊の如く、小羊の如き眼もて見るもの、灰色なるもの、
小羊の、羊の、
衰へし惠を配《わか》つものを怒りて落し來る。
斯《か》く、鷲の如く、豹の如く、
痴人の憧憬はあり、
數知れぬ假面を被りて汝の憧憬はあり。
汝人間よ、汝痴人よ。

汝は人間を神として、
また羊として見き、――

人間の中なる羊を裂《さ》くごとく、
人間の中なる神を裂き、
裂きながら笑ふべく。

これぞ、これぞ汝の祝福なる。
豹の祝福、鷲の祝福、
人間の、痴人の祝福なる。

淸《きよ》らかに澄み渡る大氣の中に、
月の利鎌《とがま》は
眞紅《しんく》なる天《そら》を綠《みどり》に、
嫉《ねた》ましげにも忍び行く。
——日の敵《あだ》なり、
一歩《ひとあし》ごとに、密《ひそ》かに

神を裂く
豹の祝福
鷲の祝福
人間の祝福
淸らかに澄む大氣の中に
月の利鎌
眞紅の天

薔薇《はら》の吊床を鎌もて薙ぐ、
そが夜《よる》の方《かた》へ、青白く
沈み行くまで鎌もて薙ぐ。

眞理の亂心

斯《か》く我は曾て我が眞理の亂心より
我が白晝の憧憬より沈みき、

光を病む

日に疲《つか》れ、光を病《や》みて、
——下《した》に、夕《ゆう》べに、影に沈みき、
一《いつ》の眞理に
焦《こが》されて、渇《かわ》きて。
汝は尙ほ記憶するか、暑き心よ、
そのとき汝が如何に渇望したりしかを記憶するか。
我が惣べての眞理に斥けられむ爲め、
如何に渇望したりしかを記臆するか。

たゞ痴人なるのみ、
たゞ人間なるのみ、――――――…………。

ツラツストラ
縹渺たる蒼穹
燦爛たる眞珠
玄妙なる幽義
星羅の淨光
超人の域にのみ逍遙す
下界に歸れ人間として
一大行法
靈明術の修得
一個の神人
靈明術の定義
靈明力

斯く我れは今、ツラツストラの妖術者と共に聲高《こゑたか》らかに歌ひつゝ、仰ぎて大空を眺めば、縹《べう》渺《べう》たる蒼穹に輝やく幾千萬の星は、燦爛たる眞珠の如く、淸淨なる白露の如く、其の神祕の靈光は、投《な》げて混沌の下界《げかい》を照《てら》すを見る。

吾人は第一輯の靈明法によりて旣に其の玄妙なる幽義を極め、地上に蠢動する人の子の群《むれ》を離れて獨《ひと》り山上に碧空を眺め際涯なき天界に散布されたる星羅の淨光を浴《あ》びるが如き一大神格を養成せり。されど徒らに超人の域《いき》にのみ逍遙するは我が靈明行道の敎ふる所に非ず。超人の域より、更に再び下界に歸りて而して以てニイチエの『ツラツストラ』と共に玆に『人間』として爲さゞるべからざる一大行法あり。卽ち靈明術これなり。此の靈明術を修得してこそ始めて一個の『神人』となり得べきものなれども今は暫く人間として、極めて眞面目に本輯を學ばざるべからず。

抑々、靈明術とは何ぞや。曰く靈明術とは靈明法に依りて習得せる靈明力の體驗をもつて行

神祕的靈能の法術

ひ得べき神祕的靈能の法術なり。曰く靈明術とは超人的の靈明力をもつて現實の人間世界に發現すべき神變不可思議なる奇蹟的靈能の法術なり。これが實修の方法に到りては以下拾數卷に渡りて一々これを詳細に說述する所あらむ。汝等門弟諸子よ、それ襟を正して以下これを謹讀せよ。これを奉讀せよ。

神變不可思議實修法

第二章　靈明法と靈明術

法と術

靈明法と稱し靈明術と云ふ、其の間に果して幾何の相異ありや。法と術との差異より先づ論起して之れを明かにせざるべからず。

靈明法とは一言にして之を云へば靈明行道の根本的修養法なり。而して靈明術とは靈明法より得たる靈明力の人間的發現法なり。

鏘々たる靈明の響

玄妙神嚴

靈明法を眞摯に修得せんか、鏘々として無限の靈明の響くを聞く。其の渾壯大にして精巧微少なる、其の深奧邃謐にして平淡森嚴なる、其の崇高幽玄にして緻密靈細なる、其の玄妙神嚴にして明快透徹なる、其の潤澤豐富にして宏遠廣博なる靈明法は、諸子をして不斷の緊張と、

生命の燃燒

生命の燃燒との、血を撒くが如き白熱的の行法を爲さしめたるならん。諸子の其の燃ゆるが如

き行法によりて諸子は今や地上に蠢動する人の子の群《むれ》を脱し去りて遠く超人の域に達し得たり。

人界退脱

然りと云へども我が靈明行道の敎ふる所は單なる人間界脱退のみに止まらずして、更らに法に出發して以て術に體現せんことを期す。これ諸子が更らに今靈明術を修得せざる可らざる所以なり。されば、

我《われ》は己《すで》に哲學も、
法學も醫學も、あらずもがなの神學も、
熱心に研究して其の奥堂を究《きわ》めぬ。
而も我《われ》は何物をも得ず、
氣の毒な、馬鹿な我《われ》なり。

靈の威力

今こそ我は、
靈の威力と啓示に依つて、
宇宙の祕鑰を開かむと、

魔法

我は今、魔法に入りぬ。

洋々たる吟唱

日輪は舊樣依然洋々として吟唱し、
その兄弟たる群星の中に競歌を謳ふ、
而して其の豫め命定されたりし進路をば、
轟々たる雷行を以て之を完たくす。

海は滔々たる潮《うしほ》となりて泡立ちつ、
巖石《いはほ》の深き根もとにぞ打ち碎《くだ》くる、
また巖も海も雨ながら相驅《か》られて、
天體の永快なる運行に伴《とも》なふ也《なり》。

ゲーテのファウスト奇蹟三昧

と謳《うた》ひてゲーテのファウストと相共に諸子は今より神變不可思議の奇蹟三昧に入らなんとす。宜《よろ》しくファウストの如き熱烈さを以て深行せざるべからず。

第十三卷　靈力論

第一章　科學の破綻

悠々乎杳々乎

無極

萬有は冥々たり

凄絶の幽水

廣茫無限

二十世紀以後の新文明

人類の害毒

我《わ》れ今、宇宙の大靈、眞元に對して恭《うや》しく至純の禱《いのり》を捧《ささ》げつゝ玆に第十三卷の講授を始む。

悠々乎として盡きず、杳々乎として絶へず。高く無限に輝き、深く無窮に昏《くら》し。廣く邊際なく、遍《あま》ねく無極に連《つら》なる。星宿は整然たり運行す。萬有は冥々たり恒存す。

顧みれば混々として盡きざる千古歴史の流れ、巖峭を削りては此所に凄絶の幽水を湛へ、彼所には深淵を鑿り飛湍を造り、又た時に流れて廣茫無限の思想を形成す。其の向ふ所は天と地と人の和にあり、其の間に起る千萬の曲折は、或は成巧となり或ひは失敗となりて文明の道程を作りつゝ今日に至れり。二十世紀以后の新文明は更に一歩を進めて天地人の和を能く成立せしめ、人生の幸福と安寧を增進して、眞に文明の恩澤餘光を實現せしめざるべからず。然るに何ぞや現代文明の根源とも稱すべき科學は徒らに物質觀のみの上に立ちて眞理を研究せんとするの害は、及ぼして人類の害毒となり、終ひには玆に科學の破綻をさへ見るに至りぬ。

第二章　非ユウクリッド幾何學

眞理の動搖

前述の如く科學上の所謂る眞理なるものは萬古不變なるべき筈にも拘らず、近時頻々として『眞理の動搖』が發見され、科學者それ自身も驚嘆の眼を見張るに至りぬ。

驚歎の眼

ニウトンの運動の法則

彼のニウートンの運動の法則の動搖の如き質量不變の定則の動搖の如き、元素不滅の原則の動搖の如き比々として皆な然り。

非ユウクリッド幾何學とは何ぞや

今、茲には科學の破綻を證明するに最も趣味多き、所謂非ユークリッド幾何學に就て一言せんと欲す。

ユウクリッド幾何學。

「二點間ノ最短距離ハ必ズシモ直線ニ非ズ」「平行ナル二直線ハ交ル事アリ」「三角形ノ內角ノ和ハ二直角ニ等シカラズ」

ユウクリッド幾何學に於ては、定理又は公理として、『二點間ノ最短距離ハ其ノ二點ヲ結ビツケル直線ナリ』とあり、又、『平行ナル二直線ハ交ラズ』とあり、又『三角形ノ內角ノ和ハ二直角ニ等シ』とあるなり。これらの事は二千年前、ギリシヤのユウクリワドなる幾何學者の發見せる眞理にして、所謂るユウクリッド幾何學として、其の中に說かれたる公理や定理なるものは千歲不變の大眞理なりとして現今に及べり。然るに近世に至りて『二點間ノ最短距離ハ必ズシモ直線ニ非ズ』、『平行ナル二直線ハ交ル事アリ』、『三角形ノ內角ノ和ハ二直角ニ等シカラズ』

と云はるゝに至れり。斯様に幾何學にも動搖が生じ軈て近代の非ユウクリッド幾何學となりて現はるゝに至りぬ。

科學の行き詰り

不安の雲

斯くの如く科學の根本たる數學の眞理さへ動搖し來りて、つひに種々なる他の諸法則の動搖と共に科學の行詰りは其の極に達し、科學者の胸中には斷えず不安の雲が往來し始めつゝあるは是れ爭ふべからざる事實なり。茲に於てか我が靈明行道は獨り現代の科學を見下ろして超科學の大靈能を發現し以て現代科學を其の根底より破壞せしめんとす。夫れまた雄々しき哉。

第三章　超自然力

自然力の意義

自然力とは何ぞ。曰く、科學に依りて認承されたる可能の力なり。

超自然力とは何ぞ

理外の理

靈明術と超自然力

今、その自然力を超越し、現代の科學に依りては到底説明し得べからざる『理外の理』的の奇蹟を發現せしむるの力、これを稱して超自然力と云ふ。我が靈明術の力は卽ち此の超自然力と云ふを得べし。これ現代科學にては到底説明し得べからざる所に屬し、獨り我が靈明學に依つてのみ説明し得らるゝものなるべければなり。

第四章　法術の靈能

法術の意義
古來の法術
奇蹟
絕對的不可解

凡そ古來より法術と稱するものは皆な此の超自然的の力を發動せしめ得たりしものなれども、其れ等の奇蹟たるや一見、恰かも超自然の如く見えても之を深く研究する時は軈て科學に依りて說明のつくものなり。然るに今や我が靈明術に至りては絕對的に貧弱なる現代の科學によりては說明し得ざるものなり。

靈能とは何ぞや
奇蹟能力

夫れ靈能とは科學の力に依りて絕對的に說明し能はざる所の奇蹟能力を指すものにして、今や我が靈明術の如きは是れ誠に眞の靈能と稱すべきか。

第五章　靈明力

靈明力の意義
靈明の根本力
靈明術と靈明力
發電機
モートル
大自在力

夫れ靈明力とは靈明術の修法に依りて行者の身體に發現し來る靈能の根源的力體にして、如何に靈明術の修法のみを能くなすとも此の靈明力の發動なきときは何等の效をなさゞるものなり。換言すれば行者の身體は發電機、即ちモートルとすれば、行者の修する靈明術は其の發電機の機械の運轉に比すべく、而して靈明力は發電機の運轉に依りて生ずる電力の如きものなり。

宇宙を自在にする『大自在力』も此の靈明力の發現ありて始めて得らるゝものなりと云ふべし。

第十四卷　靈明術實修法極祕傳授

第一章　實修論

實修の意義
關門

本卷よりは、いよ／＼靈明術の實修法を述べむと欲す。第一輯、靈明法の修法によりて一定の通徹を得たるものは始めて此の靈明術の實修をなすべきなり。此の靈明術の實修たるや凡そ靈界に入り靈的修行を爲さむとするものゝ先づ最初第一に經ざるべからざる所の關門なり。故に諸子は充分、本卷を學ばざるべからざるなり。

實修の注意
實修の時刻

先づ最初、その實修上の注意を述べんに、實修の時刻は必ず、深夜一時より二時までの間に於て、極めて靜かなる人音なき場所を撰びて之をなすべし。

實修の場所
肉體の準備

但し、これが實修の前には必ずや、肉體の準備として齊戒沐浴するを要す。如何に寒中と雖も必ず是れが沐浴を怠るべからず。けだし靈明術の實修は最も神嚴なるものたるべければなり。

實修服

而して實修服としては一重《ひとへ》のサラシ木綿の着物を、こしらへ、是れを着用すべし。

獅々奮迅

尚ほ注意すべき事は、此の實修をなす場合には必ず獅子奮迅の覺悟を以て猛進する事なり。『まあ、やつて見やう』ぐらひの試《こころ》み的の行《や》り方《かた》では駄目なり、必ず靈明術の堂奥に達せずんば止まざるの一大覺悟と決心とをもつて取り掛らざるべからず。

第二章　第一型式、三角形法

型式

多角形座型

立型

臥型

此の第一型式より第五型式に至る五型式、卽ち三角より七角に至る多角形の方法は所謂る正座してするか或ひは直立して實修する方法なり。我が靈明術に於ては伏臥して行なふ方法あらず。蓋し伏臥は靈明術の神聖を穢すべければなり。依て伏臥しては絶對に之を行はしめず。因みに此の祕錄を讀むにも斷じて伏臥して讀むべからず。伏臥の讀錄は之れを嚴禁す。

扨て、第一型式卽ち三角形法は、先づ正座或ひは直立し、肱を張り兩手を胸の邊に持ち來らしむ。而して左右兩手の拇指と拇指、人差指と人

聖穴

聖三角形

差指と、各その尖端を合せ他の六本の指は放射狀に發散せしむ。而して二本の拇指と二本の人差指とに依つて一個の穴が出來得べし。此の穴を聖穴と稱す。今、第一型式に於ては此の聖穴を三角形ならしむ、卽ち二拇指を一直線にして之を三角形の底邊とし二本の人差指を三角形の二邊とする。此の三角形を聖三角形と云ふ斯樣にして掌を向《むこ》ふに向《む》け、甲をば此方《こちら》に向け、手全體に力を罩め、殊に四本の指、卽ち聖三角形の各邊に大なる力を罩め、瞑目して靈明經を奉讀するなり。

第三章　第二型式、四角形法

第二型式とは何ぞや

四型形法の祕傳

聖四型形

第一型式と同じく正座または直立不動の姿勢を取り、聖穴をば四角形ならしむ、卽ち聖四角形を作る。而して手、及び各指に力を罩め瞑目して靈明經を奉讀す。

第三型式とは何ぞや五角形法の極祕聖五角形

第四章　第三型式、五角形法

前型式と同じく正座又は直立の姿勢をとり、二拇指と二人差指とにて聖五角形を作り、力を罩め、冥目して靈明經を奉讀すべし。

第四型式とは何ぞや六角形法の極祕聖六角形

第五章　第四型式、六角形法

前諸型式と同じく正座又は直立の姿勢を採り、拇指と人差指とに依りて聖六角形を形成し、力を罩め、冥目して靈明經を奉讀すべし。

第五型式とは何ぞや七角形法の祕法聖七角形

第六章　第五型式、七角形法

前諸型式と同じく正座又は直立の姿勢をば採り、聖七角形を作り、力を罩め、冥目して靈明經を奉讀すべし。聖五角形、及び聖七角形に至りては三角形や四角形と異なりて餘りに其の多角なるが故に是れが形成には多少の困難あらんも、要するに六角、七角になれるものとの觀念のみにて可なり。

第七章　X《エックス》型式、不動明王イ法

靈明劔

靈明綱

本章から以後に述ぶる實修法は前章までの方法と、やや其の趣きを異にす。本章以後の方法も矢張り正座或ひは直立なれど、靈明劔と稱するものと靈明綱と稱するものとを要す。

靈明劔の造り方

先づ靈明劔とは長さ二尺五寸、太《ふと》さ直經一寸五分ほどの輕き木材の棒を造り、其の尖端をば心持ち細くして所謂る不動明王の持てる劔の如き形となせるものなり。劔の如き形にするのが正規なれども、あながち劔の如くするにも及ばず、單に棒のままにても可なり。

靈明綱の造り方

次に靈明綱とは矢張り不動明王が左手に持てる綱《つな》に準《なぞ》らへたるものにして、直經三分、長さ

二尺ほどの緒《お》の綱《つな》なり。

X型式とは何ぞやイ法の傳授

扨てX型式即ち不動明王イ法を實修するには、先づ正座又は直立し、左手に靈明綱を、右手に靈明劍を持ち、不動明王の如き姿勢を採り、全身に力を罩め、瞑目して靈明經を奉讀するなり。

第八章　W《ダブリユ》型式、不動明王ロ法

W型式とは何ぞやロ法の傳授

明王活動形

此の實修法に於ては右手を高く頭上に擧げ、靈明劍を頭上に振り翳せるが如き姿勢をなす。左手は前章と同じ。此の姿勢は不動明王が活動し始めたるなる形を以て明王活動形とも稱す。その他、力を罩むる事、瞑目する事、讀經する事等は總べて前章に同じ。

第九章　Q《キユウ》型式、不動明王ハ法

Q型式とは何ぞやハ法の傳授

先づ正座及び直立し左右兩手に靈明劍、靈明綱を持ちたるまゝ仁王尊

の如き手つきをなす。これ不動尊が仁王尊形にまで活動せし形にして、之を仁王尊形と云ふ。力を罩め、冥目して讀經すべし。

仁王尊形。

第十章　Z《ゼット》型式、不動明王ニ法

Z型式とは何ぞや
ニ法の傳授

先づ正座或ひは直立し、左手は前方に突き出して物を攬《つか》み取らんばかりの形をなし、右手は高く振りあげ棒を震はせて物を打ち切らんとするが如き恐ろしき形をなす。これ不動尊が大ゐに忿怒せる形にして明王忿怒形と云ふ。全身及び腕に力を罩め、冥目、讀經すべし。

明王忿怒形

以上第二章より第十章までの實修法に於て其の靈明經の讀經は出來得る限りの大聲を經げて唱へよ。聲大なれば大なるほど良し。

第十一章　發動源の小唸音

發動源とは何ぞや

以上、第二章より第十一章までの實修をなす時には必ず發動源に力を

罩むるを要す。發動源とは詳しくは『靈明力發動源』と稱し靈明力の流れ出で來る源池なり。即ち眉間《ミケン》の中心を指す。

發動唸唸音の意義

此の發動源にウンと力を罩めて以上の靈明術を修する時は、忽ち發動源に『シーン〳〵』と、一種の唸りを感ず、此の唸《うな》りを發動唸と云ふ。此の唸りを感じ出したる時は即ち靈明力の發動し出したる證據なり。若し

靈明力發動の證

唸音を起こす法

幾ら實修するとも此の唸音を感ぜざる場合には意識的に努めて此の感を起さしむべし。

シーン〳〵小唸音

上述の如きシーン〳〵との唸りをば小唸音と名づく。

第十二章　發動源の中唸音

中唸音

次に更らに其の實修の深き三昧境に進むときは其のシーン〳〵の音は

ズーン〳〵

聽がてズーン〳〵と云ふ唸りとなる。これを中唸音と稱す。

中唸音の意義

中唸音は小唸音の時よりも更らに其の靈明發動の度の進みたる證據なり。

第十三章　發動源の大唸音

大唸音ゴーン〱

大唸音の意義

奇蹟的靈力

病氣治療法

身體振動

身體躍動

身體飛動

さらに發動源に力を罩め、ます〱其の實修三昧に入るときは、聽てゴーン〱と云ふ唸《うな》りに變ずべし。此の唸音の感じをば大唸音と稱す。大唸音は、靈明力の發動が其の極點に達したるの證據にして、此の大唸音を感ずるに到りて始めて有らゆる不可思議なる奇蹟的の靈力を發現し得べき力を生ずるなり。本書、第十九巻に於て述べたる疾病を治療するには此の時に治療すべき強き靈念と共に患部に手を當てるなり。

更らに注意すべき事は、此の大唸音の程度に達すれば俄かに身體が振動し躍動し飛動するが如き事ある事あり。抑も此の振動躍動又は飛動は

身體の振道は正道にあらず

何等不可思議なる作用ではなく、是れ全く生理的作用にしてアタリマヘの事なり。然れども修法中の身體躍動又は振動は、修道の上より之を見る時は正道にあらざるを以て、絶對に之れを禁ず。もし靈明術の實修に際して斯くの如き現象が生じ始めたる場合は、よろしく丹田に力を罩めて之を制禦して以て斯くの如き邪法に踏み入らざる様に努めざる可らず。

身體躍動を防ぐ法

第十四章　靈明經の奉讀

靈明經最後の一句

靈明法の際に於ける靈明經の奉讀は其の全文の奉讀なれど、靈明術實修に於ける奉讀は其の一部にて可なり。即ち靈明經最後の一句、

『テラマン、ノーリ、キナルクエ、ウラ、ウラ、ウーン、ウーン、ム、ム、ム、ム、ムー』、

なる一段を奉讀するなり。

默唱

又、その奉讀法も大聲なるを要すれど行者若し、發聲に不都合なる場合は默唱にて可なり。

靈明經の意義

因みに、靈明經の甚深なる意義は第三輯に於て之を解說すべし。靈明法及び靈明術實修の際には、其の意義を觀念するに及ばざるものとす。

第十五章　實修の時間

一實修

二實修　三實修

連續實修

分離實修

以上、數章に於て述べたる實修法たるや、約十分間に一回くり返すべし。一回實修するを一實修と云ふ。時により人によりては二實修、三實修をなすも可なり。

又、第一型式より第九型式まで連續して實修するを連續實修と云ひ、各任意の型式のみを單獨に分離せしめて實修するを分離實修と稱す。正規の實修法としては連續實修を以て正則とすれど分離實修にても亦、差支なし。

第十六章　瞬間發動法

瞬間發動とは何ぞや

前數章に於て述べたる實修法は其れに多少の時間を要す。今、何等、時間を要せず一瞬間に大なる靈明力を發動せしめんとするには如何になすべきか。

發動法傳授

瞬間に發動せしめんとするには練習なり。斷へず之が實修を怠りなく練習すれば、終ひには何等時間を要せずして一瞬間に之を發動せしむるを得るに至るものなり。

第十五卷　靈明力發動論

第一章　發動法極意

靈明力の開發
發動法
發動作用
顯發

靈明術とは要するに靈明力を開發せしむる事に他ならず。其の靈明力の發動法は既に前卷に於て之を詳述せり。本卷に於ては此の『發動作用』と云ふことに就て論述せんと欲す。

第二章　靈明現在術

實修に關する分類
靈能に關する分類
靈明現在術とは何ぞや

第二章と第三章とは實修に於ける身體上の現象の分類なりしかど、是れよりは其の奇蹟的靈能に就ての分類なり。

先づ靈明現在術より解説を試みん。或は自己又は他人の疾病を治療し、或は後卷に述ぶるが如く、靈明術が修法されると同時に其の靈力の發動するものを云ふ。さらに第五章を讀めば此

現在術を行なふ法

の意義が一層明白とならんも、兎に角、現在術を行なふ方法は何等別に格別の方法には非ず、たゞ單に行者が現在術の目的を念頭に置きて靈明術實修をなせば可なり。

第三章　靈明未來術

未來術の意義

現在術と未來術

後一分間術　後十分間術　後三十分間術　後一時間術　後二時間術　後十時間術　後二十四時間術　後二日術　後十日術　後二十日術　後一ヶ月術　後六ヶ月術　後一ヶ年術　後十ヶ年術　後百年術

然らば靈明未來術とは何ぞや。現在術は、術の修法と同時に直ちに靈力の發動するものなれども、未來術に於ては之に反して修法の刹那に靈力が現はれずに幾何かの時間を經過して後に始めて其の靈力の現はるゝものを云ふなり。而して術の修法せられてより一分間後に其の靈力を現はすものを後一分間術と云ひ、十分間後に現はれるものを後十分間術と稱し、三十分間してから現はれるものを後三十分間術と稱す、其の他、經過せる時間の長短に從ひて後一時間術と云ひ、後二時間術と呼び、後十時間術と名づけ、或ひは、又、後二十時間術、後廿四時間術、後二日術、後十日術、後二十日術、後一ヶ月術、後六ヶ月術、後一ヶ年術、後十ヶ年術、後二十年術、後三十年術等と銘名す、又、術の修法ありてより百年の長年月後に於て始めて其の力を發現せしむる事を得べし所謂る後百年術これなり。故に例之ば玆に一個の爆裂彈ありとせんか、今この爆裂彈に向つて後百年術の念力爆發術を行ない置けば、其の行者も既に死去したる百年の後、指定の月日の或る時刻が來れば大爆音を發して自然に爆發するが如し。その他一萬年後に起らしむるを後一萬年術と云ひ、幾億萬年の後に於ても起らしむることを得べし。

後壹萬年術

未來術を行なふ法

斯くの如き未來術を行なふには全く行者の自由にして、其の月、年等を念じつゝ靈明術を行なへば可なり。

第十六卷　化學の破壞術

第一章　現代化學の運命

化學の種類

晩近長足の進歩を示せる近世化學こそ實に驚ろく可きものあり。今先づ化學の種類より論起せんか。化學分類表を圖示すれば大略左の如し。

- 純正化學
  - (一)理論化學、
  - (二)物理化學、
  - (三)集成化學、
    - 無機化學、
      - 非金屬化學。
      - 金屬化學。
    - 有機化學。
  - (四)立體化學、

化學
- 應用化學
  - (一)工業化學。
  - (二)農藝化學。
  - (三)生理化學。(又は、生物化學)
  - (四)醫化學。
  - (五)製藥化學。
  - (六)臟器化學。

これら數多の種類に就て玆に一々その説明を下す事は繁雜に堪へざるをもつて、よろしく之を其の專門書に讓《ゆづ》る事とせん。

靈明化學の出現

扨て今、我が靈明術の驚ろくべき靈力は、化學破壞術をさへ生み、現代化學の諸法則を破壞せしめて玆に所謂る『靈明化學』の出現を見るに至ることあるならん。既に現今まで有らゆる學術の根底たりし科學的化學も偉大なる修法の前に在りては實に鹽中の蛭《ひる》に等しく、修法の偉大なるを見ては所謂る多くの化學者も眼を丸くして震駭するに至らむ。今や現代化學は滅亡の運命にあり、而して來るべき二十一世紀の化學は正しく現化學を一新せしむるならん。

化學者の震駭

現代化學の滅亡

廿一世紀の化學

第二章　元素破壞法

現代化學の單體論

單體破壞術を述べんとする前に當りて先づ現代化學、卽ち科學的化學の單體論に就て略述する所あらんとす。曰はく、

今、眼を宇宙の萬象に放つ時は其の複雜なること實に極まりなしと雖も又ある單一なる原則が必ず是れを支配せり。如何に社會は錯雜なりとも、又如何に自然の現象は複雜なりとも、之を支配する單一なる原則なき時は其の複雜なる事情は決して成立せざるなり。

今、生物を觀察するに人あり犬あり鳥あり虫あり、其の種類狀態に至りては複雜極まりなしと雖も畢竟するにブロビオンの如き原始生物より發達進化せしものに過ぎず、又此の人體の構造に就きて見るも、其の始めは單細胞より複細胞に移りたるものにして、始めより複細胞にてありしものは非るなり。此等の事情によりて考ふるも如何なる複雜なる事物と雖も必ず單一なる原則に依りて支配さるゝか、又は必ず單一なるものよりして成立さるゝものなり。

元素

此の理に由りて化學者は宇宙の萬物を悉く元素と稱する單體より成立さるゝものなる事を確言し、その單體の定義を下して曰く『單體とは如何なる事情に於ても決して其れより尙ほ簡單

單體の定義

なる二種以上の物質に分つこと能はざるものなり』と、而して其の單體の數は殆んど八十種ほどあり。今、左に其の元素名のみを羅列せしめんか。

元素表

水素(H)	ヘリウム(He)	リチウム(Li)	ベリウム(Be)
硼素(B)	炭素(C)	窒素(N)	酸素(O)
弗素(F)	ネオン(Ne)	ナトリウム(Na)	マグネシウム(Mg)
アルミニウム(Al)	硅素(Si)	燐(P)	硫黄(S)
鹽素(Cl)	カリウム(K)	アルゴン(A)	カルシウム(Ca)
スカンヂウム(Sc)	チタン(Ti)	ワナヂン(V)	クロム(Cr)
マンガン(Mn)	鐵(Fe)	ニッケル(Ni)	コバルト(Co)
銅(Cu)	亞鉛(Zn)	ガリウム(Ga)	ゲルマニウム(Ge)
砒素(As)	セレン(Se)	臭素(Br)	クリプトン(K)
ルビヂウム(Bb)	ストロンチウム(Sr)	イットリウム(Yt)	ジルコニウム(Zr)
ニオビウム(Nb)	モリブデン(Mo)	ルテニウム(Ru)	ロヂウム(Rh)

低温高壓
高温低壓

パラヂウム (Pd)	銀 (Ag)	カドミウム (Cd)	インヂウム (In)
錫 (Sn)	アンチモン (Sb)	沃素 (I)	テルル (Te)
クセノン (X)	セシウム (Cs)	バリウム (Ba)	ランタン (La)
セリウム (Ce)	プラチヲヂム (Pr)	ネオヂム (Na)	サマリウム (Sm)
ユーロピウム (Eu)	ガドリニウム (Gd)	テルビウム (Tb)	ヂスプロヂウム (Dy)
エルビウム (Er)	ツリウム (Tu)	イテルビウム (Yb)	タンタル (Ta)
ヲルフラム (W)	オスミウム (Os)	イリヂウム (Ir)	白金 (Pt)
金 (An)	水銀 (Hg)	タリウム (Tl)	鉛 (Pb)
蒼鉛 (Bi)	ラヂウム (Ra)	トリウム (Th)	ウラン (U)

右の如き八十種あり。然れども上述の理に依りて考ふる時は此の八十種の元素單體は互に單一なる事情に依りて支配さるゝか又は尙ほ簡單なるものより成立さるゝかなり。然れども多くの化學者は後者は單體の定義に合せざるものとして之を否定せり。

今、液體を取りて考ふるに液體なるものは低温高壓に於ては固體となり、又高温低壓に於ては氣體となるものなり。水に就きて見るに水を冷却すること零度に到れば水は忽ち固體となりて氷に變じ、氷を熱すること零度に及べば氷は忽ち液體となりて水に變じ、水を熱すること百度に及べば氣體となりて水蒸氣に變ず。然るに水に加ふるに頗る大なる高温を以てするときは水は忽ち其の組成を破りて酸水の二素に分る、卽ち水に電氣に伴ふ大高温度を加ふるとき、又は爐中に水蒸氣を通じて水瓦斯を採る場合に於けるが如き卽ち然り。然らば大なる熱は普通の化合物の組成を破る事を得るものなり。

大高度温

組成破壊

又この八十種の元素單體を取りて互ひに其の原子量を測定するに概ね他の單體は皆な水素瓦斯原子量の半分の何倍かに當れり。例へば酸素は水素原子量の半分の三十二倍に當り、鹽素は其の七十一倍に當れるが如し。然れども素より其の精密なる測定數に依れば眞に其の倍數ならずと雖も是れは或ひは實驗數の誤謬ならんか。例之へば酸素原子量を16とする時は、水素原子量は、1.0032 にして、銀原子量は 107.9376 なるが如し。又たとへ此の理を不適當たりとするも又、次のスペクトルに依りて證明することを得べし。

原子量 水素

酸素 鹽素

酸素原子量 水素原子量

銀原子量

今、スペクトル分析に依りて天體の光度を判ずるに先だち先づ自ら光を發する所の恒星に就きて其の種類を見るに三種あり。第一は白光色を發して最大高温度を有するもの、第二は黄光

スペクトル分析

天體の光度

恒星の三種類

大狼星　河鼓星　織女星　太陽　東五二星　大角星　畢宿三星　帝座星　室宿星　參宿星

色を發して温度第一より稍低きもの、第三は赤光色を發して温度尙ほ低きものなりとす。卽ち大狼、河鼓、織女等の恒星は第一に屬し、太陽、車五二、大角、畢宿三などは第二に屬し、帝座、室宿、參宿等は第三に屬す。

星の成分

而してスペクトル分析に依りて之等の星の成分を見るに、第三に屬する星は重に亞金屬及び複體が存在し、第二に屬する星は重に銅、亞鉛、白銅、鉛、白金、ナトリウム、カリウム、バリウム、セリユム、ウラニウム等の金屬瓦斯が存在し、第一に屬する星には主として水素瓦斯のみが存在す。されば我が地球上に於ては到底得べからざる所の恒星熱度に依りて見るも、第三の星は未だ多數の單體及び複體をも含有すれど、尙ほ高温度なる第二の星は第三の星よりも單體の數を減じて尙ほ簡單なる十數單體となり、又、一層高熱度なる第一の星は遂に最簡なる水素及び二三の簡單なる單體のみとなる。而して此の第一の星が非常なる長日月の後に遂に第二の星となり又第三の星に移る時は遂に種々の單體を生じ、又複體をも生ずるに至るものなり。

星雲

之に依て是を見れば吾人の想像し得べからざる程の高熱を有する星雲に於ける熱の如きものに到りては遂に全く水素瓦斯のみならん。而して此の水素瓦斯が漸次冷却の後は遂に他の單體を形成すべきなり。以上の諸例に依りて見るときは當今多數の化學者が元素單體と稱する所の

水素原子配合の狀態

水素原子配合體

構造式

水原子配置式

八十種の元素は全く單純なる元素に非ずして水素原子配合の狀態なり。之に依て考ふれば水素瓦斯は宇宙萬物の眞の元素にして、其の他のものは悉く水素原子配合體なり。而して當今、用ふる所の化合物構造式は即ち『水素原子配置式』たるべきなり。例之へば

(一)硫酸の構造式

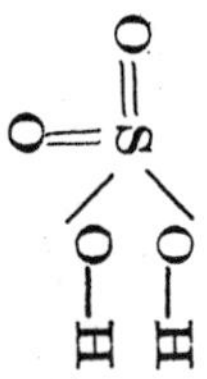

は

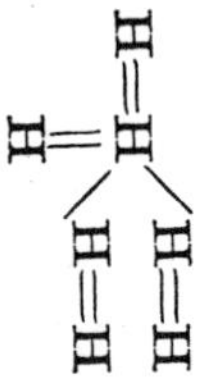

(二)燐酸の構造式

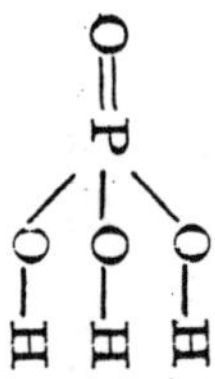

は

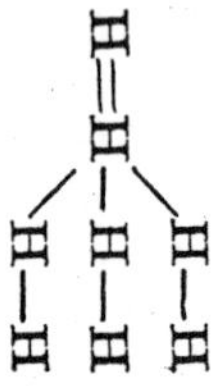

(三)アムモニヤの構造式

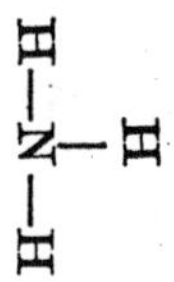

は

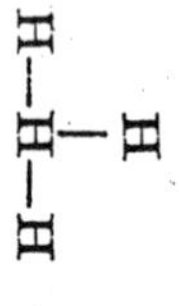

(四)ナフタレンの構造式

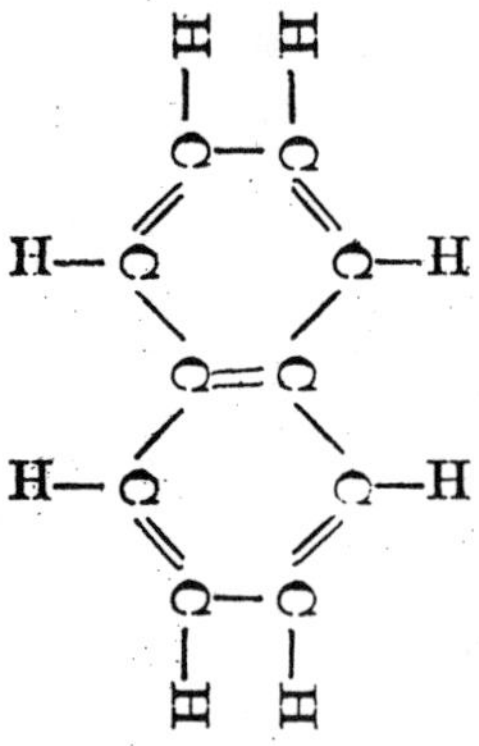

は

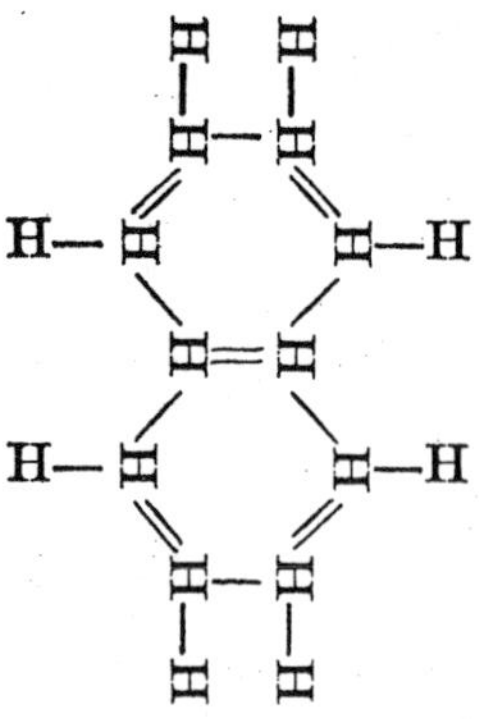

（五）亞鹽素酸の構造式  は 

なるが如し。此の學說を現代化學上に於ては『元素水素說』と稱し、重要なる學說として信賴されつゝあり。

以上に依りて之を考ふるに元素破壊法とは要するに諸元素を水素元素たらしめ、其の水素元素を崩壊せしむることなり。

第三章　構造式破壊術

先づ構造式の意義を說明するに先だちて『原子價』の事より解說せん。卽ち原子價とは何ぞや。曰く、或元素の一原子量が水素の幾原子量と化合せるやを表はす數を其の元素の原子價と稱す、換言すれば或る元素の一原子が化合し得る水素の原子量の數を原子價と云ふ。原子價を單に『價』とも云ふ。價の一なる元素を一價元素、價が二なるを二價元素、三、四、なるを三價元素、四價元素等と云ふ。

次に『親和力』又は『化合力』に就て一言せざるべからず。卽ち原子は或る引力に由りて他の原

元素水素說

元素破壊術の意義

原子價

價
一價元素
二價元素
三價元素
四價元素

親和力
化合力

化學親和力

子と結合し、互ひに相飽和するものなり。此の引力を名づけて化學親和力、又は化合力、或ひは又、『原子引力』と稱す。分子間に、從つて原子間に化學變化の起るは此の化學親和力の結果なり。

原子引力

水素原子の親和力を一と定むる時は、他の原子の親和力は一、二、三、四等にして、換言すれば或る原子は水素と同一の親和力を有して其の一原子と化合すべく、又、他の原子は一層大なる親和力を有し、二、三、四、等の水素原子又は水素と同力の原子と化合するなり。

機會の數
化合の鉤

斯く親和力の强弱は物質によりて一樣ならず、而して價は其の强弱を示すに非ずして、單に之を發現すべき『機會の數』を示すものなり。此の故に原子に『化合の鉤』(Combining hook)なるものあり、價は其の數を示すものなれば、之に對して

遊鉤

等の記號を用ひ得べし。而して原子は『遊鉤』あるを忌む。故に其の化合するや必ず全鉤を以てす。從つて其の依る所の化合物は惣べて(飽和)なり

飽和

次に、化合物中に於て或る二つ以上の元素が互に結合して一團をなし、化學反應の際に分裂

基

する事なく此の化合物より他の化合物に移ること恰も元素の其れの如きものあり、之を『基』又

根 原子團

は『根』或は『原子團』と云ふ。例之へば

SO_4

(SO_4)……………硫　酸　基(又ハ)硫　酸　根

OH.

(OH)……………水　酸　基(又ハ)水　酸　根

NH_4

(NH_4)……………アムモニウム基(又ハ)アムモニウム根

と云ふが如し。而して之等の基は、例之へば、

$Zn + SO_4\ H_2 = ZnSO_4 + H_2$

$Na + OH\ H = NaOH + H_2$
$Na + HO\ H = NaOH$ ……$(2Na+2H_2O=2NaOH+H_2$ の事なり$)$

$NH_4\ OH+H\ Cl = NH_4Cl + HOH.$

の如く化學變化をするなり。

基の價 OH, Cl, ClO_3, NO_3, SO_3, CO_3,

而して基にも又、一價二價等の價あり、例之へば OH, Cl, ClO_3, NO_3 等の基は一價、SO_4, SO_3, CO_3, PO_3H. は二價、PO_4, C_3H_5 等は三價なり。而して、原子に於ても基に於ても惣べて其

PO_3H, PO_4, C_3H_5, の價を示すに左の如き繪畫的の記號を用ふ。例へば

(一　價)……$H\cdot$; $H-$; $H.^{I}$

(二　價)……$O:$; $O=$; $-O-$; $O.^{II}$

(三　價)……$N\vdots$; $N\equiv$; $-N=$; $N.^{III}$

(四　價)……$C::$; $C\equiv$; $=C=$; $C.^{IV}$

(五　價)……$:P\vdots$; $P\equiv$; $=P\equiv$; $>P\lessgtr$; $P.^{V}$

(一價の基)……$(NH_4)\cdot$; $(NH_4)-$; $(NH_4).^{I}$

(二價の基)……$(SO_4):$; $(SO_4)<$; $(SO_4).^{II}$

(三價の基)……$(C_3H_5)\vdots$; $-(C_3H_5)<$; $(C_3H_5)\lessgtr$; $(C_3H_5).^{III}$

等の如し。

構造式の意義。

扨て愈々、構造式の意義を述べんに、或る物質の一分子內に於ける成分元素の配列、相互結合の模樣、及び其の物質の惣べての化學的性質を簡明に示すため、其の中の各元素の記號に其

の原子價だけの點、線等の繪畫的記號を付して連結し、以て一連の分子式をなせるものを構造式と稱す。而して其の構造式をば更らに進めば之を破壞せしむることを得ん。その術をば玆に構造式破壞術とは名づくるなり。此の破壞術に就ての詳細は更らに次章を見るべし。

構造式破壞術

第四章　靈明構造式

靈明構造式とは何ぞや

靈明化學獨特の構造式

そも〳〵靈明構造式とは何ぞや。曰く靈明力の發現作用に依りて化學構造式の組成を破壞せしめ、而して更らに任意に造り得らるべき靈明化學獨特の構造式なり。例えば、現代の化學に於て蓚酸の構造式は、

靈明構造式の例圖の一

なれども、今、靈明術の構造式破壞術に依れば右の構造式を破壞して

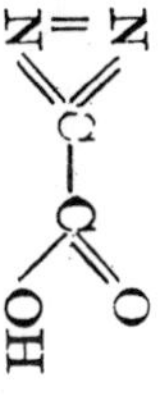

の如き組み立ての新構造式を作り得べく、又

例圖の二

$$\begin{matrix}Wn\\H\end{matrix}\rangle N-S\langle\begin{matrix}O\\C\end{matrix}$$

の如き新構造式をも造り得べし。斯くの如く、靈明術に依りて新らしく造り出だされ、現代の化學に於ても未だ發見されざるが如き構造式をば靈明構造式とは稱するなり。

第五章　分子式破壞術

化學的分子式

分子組成の破壞

分子式を破壞する法

靈明分子式

化合物及び元素の一分子量を表はすに、其の物質の一分子量を組成せる各元素の記號を連記し、其の内に原子量以上の含まるゝ元素には其の記號の右下方に其の數を附記す、斯樣にして表出せるものを稱して現代化學に於ては之れを分子式と稱す、今、靈明術に依る時は容易に化學的分子式の組成を破壞して新分子式を造り得べし、これを分子式破壞術と稱し、其の新分子式をば靈明分子式と云ふ。

第六章　反應式破壞術

反應式

化學式（分子式のこと）に依りて物質間相互の反應及び此の反應に用ひたる物質と果成物質と

化學方程式

の質量の割合、及び反應氣體の體積の間の關係を表示せる一つの方程式を反應式或ひは化學方程式と稱す。

$O_2 + 2H_2 = 2H_2O.$ $4NH_3 + 3O_2 = 2N_2 + 6H_2O.$ $2Fe(OH)_2 + H_2O + O = 2Fe(OH)_3.$ $NaNO_3 + KCl = KNO_3 + NaCl.$

例之へば

$O_2 + 2H_2 = 2H_2O.$ ……………………（1）

$4NH_3 + 3O_2 = 2N_2 + 6H_2O.$ ……………………（2）

$2Fe(OH)_2 + H_2O + O = 2Fe(OH)_3.$ ……………………（3）

$NaNO_3 + KCl = KNO_3 + NaCl.$ ……………………（4）

反應式を破壞せしむる法

等は皆な化學方程式、卽ち化學反應式なり。

今これらの反應式を破壞せしめんとするには靈明力を以てせば容易なり。

第七章　靈明イオン術

靈明イオンの意義

イオン說電離說

靈明イオンの意義を解說する前に先づ化學上の所謂『イオン說』卽ち『電離說』に就て一言せざるべからず。

溶質

強き酸、強き鹽基、及び中性鹽の如き化合物を水に溶解せしむれば其の溶質（溶質とは溶《と》かされ

溶媒　電氣解離　イオン　陽イオン　陰イオン　イオン分裂術

る物。水の中へ砂糖を溶かせば砂糖は溶質にして、水を溶媒と云ふなり）の分子の幾分が別れて反對に帶電せる二つの獨立成分に解離するものなり。これを電離又は電氣解離と云ふ。而して其の分れし獨立成分の如く電氣を帶びて存在する原子或ひは原子團をイオン（Ion）と云ひ、陽電氣を帶ぶるを陽イオン（Cathion）、陰電氣を帶べるを陰イオン（Anion）と云ふ。而して此の兩イオンは必ず水溶液中に共存し、若し水より外へ出る時は其の陰陽兩電氣は直ちに中和して電氣を失なひ元の化合物となる。要するに水溶液中にありては水の爲めに中和せずしてイオンとなるなり。

今、靈明力の發現に依りて化合物の水溶液に唸音法を施す時は化學にて定まれる以外の特殊のイオンを任意に造り出す事を得べし。

第十七卷　物理學破壞術

第一章　靈明物理學の出現

現代物理學の動搖　物理學の運命

夫れ物理學は化學と共に有らゆる學術の根底たるものとして現今の學術界に於ては非常に重要視されつゝありと雖も、我が驚ろくべき靈明術の力の前にありては其の物理學も些か動搖さ

物理學の權威
物理學と靈明術
來るべき新物理學
靈明物理學

せられ其の根底は危くなり所謂る物理學の運命なるものは近き將來に滅亡の悲運にあるべく、而して其れに代りて來るべき新物理學は卽ち我が靈明物理學ならん。

第二章　力學破壞法

力學
靜力學
動力學

そも〳〵力學は物理學の根本にして、物理學の有らゆる諸法則は惣べて此の力學を源泉として築きあげたるものなり。されば力學には更らに靜力學、動力學等ありて最も緻密に研究されつゝあるなり。

力學の破壞法
アルキメデス原理の破壞
靈明力學
新力學

其の力學の諸法則を破壞せしむるは難きに非ず。例之へばアルキメデスの原理卽ち『液中の物體の重さは物體が排除する液の重さだけ輕し』との原理を破壞せしめて、物體を液中に入れて空中よりも反つて其の重さを増さしむる事をも爲し得べし。其の法は惣べて靈明術の基本型式を應用すれば可なり。斯樣にして現代力學の諸法則を破壞して玆に新らしく一個の新力學、なるものを創造し得らるべし。

第三章　熱學破壞法

比熱の異變
熱容量
膨脹係數の變動
新熱學

修法の極點に達せば熱學上の諸法則をも容易に破壞せしむるを得。卽ち比熱を任意に異變せしめ、熱容量をば變ぜしめ、膨脹係數の變動を起さしむる等なり。斯樣にしてたる新熱學をば形成する事も得らるならん。

第四章　音響學破壞術

音響學上の諸法則を瓦解せしむる法
音波の速度を變化せしむ
振動數の變動
縱波を橫波ならしむ

修法の偉力を以てする時は音響學上の諸法則をも根底より瓦解せしむることを得べし。例之へば音波の速度を變化せしむること、音の振動數をば任意に變動せしむること、又、物理學上に於て音は空氣を媒質とする縱波なれども、これを橫波ならしむる等なり。

第五章　光學破壞術

光學に對する奇蹟
靈明光學
新光學
反射法則の破壞法
屈折法則の破壞法

修法の堂奧に達して其の力を振へば、又、種々なる奇蹟を發現して現今物理學上の光學と全然その趣を異にする新光學を創造する事を得るものなり。

例之へば『反射の法則』卽ち『(一)反射光線は入射光線と法線とを含む平面内にあり(二)而して入射角と反射角とは相等し』と云ふ法則、又は『屈折の法則』卽ち『(一)入射光線と屈折光線

プリズムの法則を變化せしむ新スペクトルを作る法

とは境界面に垂直なる一つの平面内にありて入射點に引ける法線の兩側にあり、「二」而して入射角の正弦と屈折角の正弦との比は兩媒質に依て一定し、入射角の大小に關係せず』と云ふが如き法則を變動せしめ、その他『プリズムの法則』を變化せしめ、新スペクトルを造る等は極めて容易なり。

第六章　磁氣電氣學破壞法

クーロンの法則を破壞す

ジュールの定律を瓦解せしむ

ファラデーの法則破壞術

電氣當量の變動法

電動力の變動法

磁氣量を變化させる法

次に磁氣學、及び電氣學の諸法則でも修法の偉力に依りて之を破壞せしめ得るものなり。即ち例之へば『クーロンの法則』即ち『兩磁極間の引力又は斥力は兩極の强さの相乘積に正比例し距離の自乘に逆比例す』との法則を破壞せしめ、又『ジュールの定律』即ち『針金に電流を通じて生づる熱量は電流の强さの自乘を抵抗と時間との相乘積に正比例す』との定則、及び『ファラデーの法則』即ち『電流によりて分解せらるゝ電解物の量は電解物を通る電流の强さと電流の通る時間との相乘積即ち、通過せる電氣の惣量に正比例す』との法則を破壞せしめ、其の他、電氣當量を變動せしめ、電動力に變動を生ぜしめ、磁氣量を變化せしむる等あらゆる法則を瓦解せしめ得るものなり。

第七章　靈明エ子ルギー

エネルギーの種類
位置のエネルギー
運動のエネルギー
靈明エネルギー
理外の理

物理學上に於てはエネルギーを分類して『位置のエネルギー』と『運動のエネルギー』の二種とす。

今、偉大なる修法に依るときは物理學上の位置のエネルギーを運動のエネルギーに變化せしめ、運動のエネルギーを位置のエネルギーに變化せしめ得るものなり。第三輯に説く所謂る『靈明エネルギー』なるものは有らゆる不可思議なる、『理外の理』的の奇蹟を發現し得るものなり

第十八巻　靈明神祕術

第一章　神祕術の意義

化學應用
物理應用
神祕的奇蹟

既に前述の如く化學破壞術及び物理學破壞術は實に有らゆる奇蹟の根本たり。故に之を應用する時は如何なる神祕的奇蹟も任意に行なひ得べき理なり。

そも〳〵神祕術とは左に羅列せるが如き奇蹟的行爲の稱にして、我が靈明術の奥堂に達するときは之を行なふを得るに至ると雖も、只徒らに奇蹟のみを行なひて好奇心を唆るは靈明行道の取らざる所なり。

第二章　人體吹飛術

人體吹飛術とは一人、二人或ひは十人、五十人、又は百人、千人等の多數の人を一喝に依りて吹き飛ばし倒ほす術なり。

第三章　怪物現出術

怪物現出術とは靈明術の光學破壞術に依りて思ふがまゝに幻影を人の眼前に現出せしむる術なり。

第四章　鳥虫止動術

鳥虫止動術とは鳥、又は虫等の動物の身體に靈明作用を傳播せしめ、而して以て其れらの動物を思ふがまゝに運動せしめ、又は靜止せしむるの術なり。

第五章　熱湯寒冷術

熱湯寒冷術とは靈明力の發動作用に依りて沸騰せる湯を忽ち冷却せしむるの術なり。

第六章　冷水沸騰術

冷水沸騰術とは靈明力の發動作用に依りて冷水を睨らみつけたるのみにて直ちに沸騰せしむるの術なり。

第七章　空中飛行術

空中飛行術とはアルキメデスの原理破壞術を應用して自己の體重を同量の空氣の目方よりも輕からしめ、而して以て自在に空中をば飛行するの靈能なり。

第八章　刀刄擦過術

刀刄擦過術とは靈明術の應用に依りて先づ自己の皮膚を厚强ならしめ、又、刀刄をも鈍弱ならしめ、而して刀刄の尖端を撫で、又は其の上を歩む法なり。

第九章　掌上點火術

掌上點火術とは靈明力を發現せしめ置きて、而して掌に油を注ぎ燈心を入れ、即ち掌をばカワラケの代りにして點火せしむるとも何等の熱感を感ぜざるなり。

じめ得べし。

第十章　不動金縛術

靈明術を修法するときは容易に他人又は動物等を金縛り强直狀態にせしめ得べし。

第十一章　金剛不壞身術

靈明術を修して振動作用の生じ來たれる時には如何なる長き針を肉體に刺すとも貫らず、又、彈丸等も貫らずして恰かも鐵壁の如し。これを金剛不壞身と稱するなり。

第十二章　靈明神通力

以上に逑ぶるが如く靈明術を修法せる時は全く、一個の神人にして如何なる事にても行なひ得べし。彼の六神通力と稱して有名なる靈能も靈明術に依る時は容易に發現せしめ得べし。

第十三章　靈明書術

又、靈明術の振動、修法三昧に入りて筆を執りて字を書く時は實に立派なる字を書き得るものなり。之を靈明書術と稱す。

第十四章　靈明寫眞

靈明力發動の際、乾板の前に於て其の乾板に靈明力を傳達せしむるときは一種の象影を得べし。之を靈明寫眞と云ふ。

我が靈明行道と關係の深かき日光氏は靈寫と稱して能く此の術に達せらるゝは既に定評あり。氏の如き偉大なる靈明力の所有者にして始めて之を能くし得らるべきなり。

第十五章　奇　蹟

以上の數章に於て述ぶるが如く靈明術の三昧内にありては實に如何なる奇蹟も發現し得べしと雖も、たゞ徒らに奇蹟を行なふは是れ我が靈明行道の取る所にあらず。依りて、これ位にて筆を止むべし。汝等門弟よ、益なき奇蹟を行なふことは之れを嚴禁するぞよ。

第十九卷　靈明療法傳授

第一章　醫術の意義

千古の金言
萬古の玉言
醫術の目的

夫れ醫は仁術なりと云ふ。また醫は意なりといふ。是れ千古の金言なり、是れ萬古の玉言なり。實に醫は人の苦痛を除き人の生命救助するを以て目的とす。かるが故に他を愛するの心より發足し、平等博愛の心を以てせざるべからず。一視同仁の觀念に住してなさゞるべからず。

そも／＼仁は如何なる物ぞや、曰く仁は眞理の發顯なり。神靈の活動なり。神意佛心の靈動なり。人生の根本なり。進化の大道なり。自然の大道なり。絶對的に動かすべからざる源理たり。

第二章　靈明療法の意義

靈明療法とは何ぞ
靈明病理學

然らば靈明療法とは何ぞや。其の意義を述ぶるには先づ靈明行道獨特の病理即ち靈明病理學より論起せざる可らず。然れども靈明病理なるものは甚深なる靈明學より發足するが故に、未だ此の第二輯に於ては之を説明し得ず。第三輯に到りて靈明病理と共に之れが意義を詳述する所あらむ。

第三章　靈明療法基礎型式

唸音實習法

扨て愈々靈明療法を行はんとする者は先づ前述の靈明力發動作用、即ち唸音實修法によく熟達せざる可らず。然り而して更らに其の唸音をば眉間《みけん》より肩を傳《つた》ひ腕の細胞筋肉を通過して手掌にまで傳導せしむるの方

唸音傳導

法卽ち唸音傳導の法を練修せざる可らず。唸音傳導とは額の唸りが先づ肩に傳はり腕に傳はりて遂ひには掌にまで波及し手掌に於て額と同じき唸りを生ぜしむ。

右手傳導

左手傳導
兩手傳導

右掌のみに傳はらしむるを右手傳導と云ひ、左手のみなるを左手傳導、兩手に同時に傳導せしむるを兩手傳導と云ふ。

第四章　靈明治療型式

之を區分して三種とす、卽ち左の如し。

直接治療

(一) **直接治療**　患者に直接的に治療せんとするには、右手傳導、又は左手傳導、或ひは兩手傳導法によりて、右手、又は左手、或は兩手を患者の患部に貼《あ》てつゝ癒能靈念法をなすべし。

施術の注意

以上述べたる施術法を行ふには更らに二三の事項を要す。卽ちその要點を摘錄すれば、

一、病者を安静ならしめ、術者の眼を注視せしむること、

二、患部の靈念終りでより、病者をして伏臥せしめ、脊髓（主に腰部）に今一度靈念をなすこと、

三、一回の靈念時間は三分乃至五分とし、病の輕重により術者の適宜たること、

直接治療の三要項

（又若し熱ある患者にあつては直接手を觸るゝことなく布團、又は衣服の上より靈念すべし。

靈明力の活動

靈明力の活動は、時間、空間の制限を受けざるものなるが故に病者に對し、間接靈念するも、直接靈念するも、その效は同一なる筈なれども一般に直接靈念する方が成績が良し。一體如何なる患者でも比較的神經が過敏になり居るが故に術者が直接手を當つれば病者に大なる慰安を與へるものなり。術者先づ病者に對すれば病者をしてなるべく安靜ならし

神經痛の治療

〔木原照元尊下御實修〕

見よ此の森嚴なる實修を!! 今や尊下の御手よりは大なる唸音がウナりを起して發動し、其の強烈なる靈念と共に聖なる靈力を現はしつゝ可憐の患者を救ひ給ふ。

め、少し坐を進めて、その患部に掌を輕く當て、同時に患者をして術者の目を見るやう注意し、それと同時に術者も患者の目を注視するなり。之れは默想の間に彼方の精神を統一せしむるの手段なり。一旦病者に對した時は、決してその人の地位職業を眼中に置くべからず。階級を念頭に置く樣では既に靈力に缺陷を生じつゝあるが故に完全なる効果を治める事は不可能に屬す。

患者の精神統一

既に患者の精神統一を認めたらば、術者は發動源に力を入れ除に掌を病者の患部に當てゝ誠心誠意一片の雜念を交へず病根を斷絶すべく靈念を凝らす。一度手を當つれば決して病者の苦痛を意に介すべからず。斯く靈念する事三分乃至五分間もすれば、病者は非常に爽快を覺ゐて安樂な狀態に到るを以てこの時術者は更らに病者に對し必ず全治すべきを說き聞かすなり。然すれば病者は益々術者を信じ、術被兩者の精神が相互に合致して靈動するが故に完全に治病の目的を達する事が出來得る事、必然なり。

脊髓の平衡

而して予の治療法の特徴として玆に擧ぐべきは脊髓神經を正して其の平衡を保たしむるにあり。神經の中心にして平衡を保てば血液の運行も自ら平均を得て其循環も活潑になり來る。血液の循環が活潑とならば隨つて病根も取除く事が出來得るものなり。

抑も腦及び脊髓神經は人身總體を支配する中央政府にして恰も植物に於ける根の如きものなり。植物の根より幹なり蔓なりを生じて花を開き實を結ぶが如く一切の機管を指揮命令する全權者なり。故にその根を培ひ育てずしては完全なる花實を得る事は出來ず。枝葉の胃腸、肺、心臟のみを攻めて病を癒さうとするのは恰も根を等閑に附して花實を弄るに等しきものあるが故に疾患は腦及び脊髓神經より癒さざるべからず。故に靈明療法を施すに當つて局部に靈念をなすと共に、脊髓神經に靈念を集注する事を忘るべからず。

間接治療

（二）間接治療　間接治療とは患者が術者の許に行く能はざる事情あるの時、術者は患者の近親の者の手に直接に思念を施し、近親者が歸宅後その手を以て患者の患部に貼するの方法なり。

遠隔療法

（三）遠隔療法。

病者が甚しく重患なるか、又は已むを得ざる事情のため術者の許に行きて治療を受け得ざる時に、其病者に靈念施術する方法を遠隔療法といふ。第三輯に到りて說くか靈明力の活動は時間空間を超越したるものなるが故に距離の遠近によりて治療の能不能を來す事なし。之れ術者の普偏的救濟の趣旨に合し又彼術者にとりても好都合なる點なり。

普偏的救濟

照元は多年遠隔療法に就きて種々實驗を重ね居れど、或る場合によつては反つて直接治療よりも良好の成績を顯す事あり。然れどもこれには術者の十分なる修養こ被術者の信念こを必要こす。

この二條件が具備せは、何十里何百里隔つてゐても遠隔治療に依つて充分なる効果を治める事が出來得るものなり。

患者の寫眞

先づ遠隔治療を受けんこする患者があらば、術者はその病名及び疾病發生の年月日、經過、苦痛の個所等詳細に報告せしめ、尙患者の寫眞もあらばその時に送附せしむ。而して治療施行の時間を打ち合せ置き、治療にとりかゝるなり。時間は夜間九時乃至十時前後が最もよく、然し病者の都合によつて適宜に定めてよし。

患者の名刺

打合の時間になれば術者は基礎型式を行なひて、寫眞、又は名刺に向つて病狀に應じ靈念を凝らすべし。

但し被術者へ豫め、其時間には精神を安靜にして、今自分は靈念を受けつゝあり、我が疾病は必ず治するものなりとの確信を以て施術を受くるべく注意する事を忘るべからず。この時精神の感應力の強き者は、恰も電流にでも觸れたる樣に感ずるが、その有無に拘らず治療の後には非常に身心の爽快を覺ゐて安樂の狀態となるものなる。かくて日一日と感應は强くなり、數回に及べば、必ず全治する事は、照元の斷言して憚らざる所なり。

遠隔療法の治療時間

一回の治療の時間は約十分乃至三十分とし其間數回に靈念を施さゞる可らず。尙被術者に附添の看護人あらば靈念の時間內は共に患者に觀念を注いで疾病の治癒を念ぜしむれば一層効果あるべし。かくて一週間を一期として、その間の感應の狀態、病氣の經過等を詳細に報告せしめ、治療期間、施術の方法等の參考に資するなり。

左に遠隔治療の要項を掲げんに、

遠隔療法の要項

一　遠隔治療希望者には左の申込書式に從ひ、寫眞又は名刺を添へ術者宛申込ましむること。

遠隔療法の施術時間

二　遠隔治療は普通夜間九時至十時とし、之を行ふものとす、治療時間は毎夜三十分間とす。

三　打合せの時間に至らば術者は患者の寫眞又は名刺に向つて靈念すること。

遠隔療法の期日

四　治療時間内は病者に身心を安靜にして必ず治るべきを確信せしむること。

五　一週間を以て一期間とし其結果を報告せしむること。

病歴報知書式

病歴報知書式

住所　職業

氏名

年　齢

一　病　名

二　發病年月日

三　經　過

四　現時の苦痛

1　發熱の有無　2　食慾の如何　3　便通の良否

4　疼痛の如何　5　睡眠の如何　6　其他の病狀

第五章　靈明自己療法

靈明自己療法の意義

靈明自己療法は靈明力の作用に依りて自己の疾病を治療する法なり。

其の型式

先づ靈明法の靈明座の方法によりて正座し、拇指を以て章門を押へて兩手を腰に擧げ丹田に力を入れつゝ先づ瞑目す。而して額の中心、即ち發動源に唸音を生ぜしめ、其の唸音を後頭部より脊髓に傳導せしむ。これを脊髓傳導と稱す。此の傳導の流れを背髓に添ひて流下せしめ臍の後方部に至りて止まらしむ。其の臍の後方に當る脊髓部を自己癒能源と云ふ。此の自己癒能源に約一分間ほど唸音を發せしめ、而して後、其の點より更らに全身に唸音を傳播せしむ。これを全身傳及と云ふ。次に、その全身傳及せる全身の唸音を、更らに患部に集注せしめて其所に唸音を觀念す。これを結束唸音と稱す。此の患部に於ける結束唸音を發せしむる事約五分乃至十分間たるべし。これを以て第一回を終る。此の方法を一日に二三回つゞ繰り返へすべし。

背髓傳導

自己癒能源

全身傳及

結束唸音

第二十卷　臨床靈念法傳授

第一章　靈明療法概說

本卷に於て、いよ〳〵個々の疾病に就て其の療法を述べんとす。夫れ靈明療法たるや偉大なる靈明力の發現に依りて其の治癒の目的を達するものにして、治療に應用してこそ始めて其の偉力の大なるを知り得るなり。

靈明病理學
靈明ワクチン
靈明デアテルミー
靈明素注射術

然り而して靈明病理學、靈明ワクチン、靈明デアテルミー、靈明素注射術、等については更らに第三輯、靈明學篇に於て之を述べんとす。蓋し、これらの事は靈明學と密接なる關係ありて茲に之を説明し得べからざるを以てなり。

第二章　靈念法概説

靈念

靈念法

靈念と思念との區別

靈明療法を施術するには前巻に於て既に之を概説せるも、尚ほ其の施術に當りては靈念法なる事をもなさゞる可らず。先づ靈念とは唸音を起しつゝ腦内部に於て或る一定の事柄をば强烈に思ひを凝らす事なり。其の一定の事柄とは各疾患の種類によりて各々異なるものなれば後章に於て其の大體を述べんも、要するに唸音と共に靈念を以て其の疾病治癒を目的とするを靈念法と稱す。夫れ茲に云ふ我が靈明行道の靈念法たるや、單なる思ひを凝らすのみにはあらで吾人の體内に潛める偉大なる靈明より迸り出づる所の念力にして、これ彼の陳腐なる思念と全然その趣をば異にする所以なり。之等の詳しき理論に到りては祕錄第三輯に於て之を解説せん。

諸子よく之を諒せよ。いよ〳〵以下數章に渉りて各疾病の臨床的靈念を述ぶべし。

第三章　感冒

病理

冐感には普通に風邪と稱するものと、流行性感冐卽ちインフルエンザと稱するものとあり。

症候

普通の感冐はさして恐るゝに足らざれどインフルエンザは往々餘病を併發して危險に陷る事あるが故に注意せざるべからず。

パイツエル氏

これはパイツエル氏の發見せる黴菌の作用によるもので、その病毒は主に鼻から侵して來るものなり。

診斷

本病は季節を選ばず發生すれど矢張り晩秋から冬期にかけてが一番多きが如し。

靈念法

本病の治療に當つて、熱高き時は、衣服又は布團の上より腹部に手をあてゝ唸音傳導を行ひつゝ左の靈念を注ぎ、それより患者の發動源(額)に向つてその靈念を繰返すべし。

熱は退る。喉の痛は去り、痰咳嗽は出なくなる。

風邪はぬけて治る。

唸音療法

尙注意すべきは高熱の時は一時に解熱すべく靈念せずして少しづゝ數回に靈念せざるべからず。

第四章　腦病一斑

病理
腦充血
腦貧血
腦溢血
急性
慢性
症候
診斷
靈念法

腦の疾患には、腦充血、腦貧血、腦溢血等種々あれど最も多きは腦充血なり。之れには急性のものと、持久性卽ち慢性のものと二種ありて、急性のものは精神の劇しき興奮又は過勞、暴飮暴食が源因となり慢性の方は其治療を怠り、益々病勢の進むに從ひて之が常習性となるものなり。

唸音療法

又此慢性は萎縮腎、腦神經衰弱、ヒステリー等の原因より起る事もあり、常に何となく頭が重かつたり、頭痛がしたり、耳鳴りを起したりするものにして本病の治療法としては後頭部及前頭部に手を當て唸音傳導を行ひつゝ左の靈念をなす。

不純なる血液は引下がる、頭重、頭痛、朦朧、眩暈は止みて頭腦は冷靜になる。

又腦貧血には同じく頭部に手を當て、血液の順調に復すべき樣凡て其病症によつて適宜靈念するなり。

第五章　神經衰弱ヒステリー

原因　病理　診斷症候

本病には急性と慢性とあり、急性は非常なる憂慮、又は過度の勉強の爲め起るものにして、その狀態は殆ど痴呆症の如くなつて判斷力記憶力を失ふて了ふものなり。慢性は急性より變ずるものと、精神の過勞其他肺結核、梅毒、生殖器の障害等より起るものにして、其の症狀は多く不眠、倦怠、頭痛、眩暈、悲觀等すべて精神の安定を失ひつゝあるものなり。其治療法は最初病者に安心と確信を與ふべく說話し、而して後頭部及び前頭部に掌を輕くあてゝ唸音傳導を

靈念法

行ひつゝ左の靈念を凝らすべし。

頭腦は冷靜となつて安眠する事が出來る。

唸音療法

神經は强壯になつて意志は强固になる。

悲觀は去つて樂觀となる。

熱は退いて痰咳嗽は出なくなる。

第六章　胃　腸　病

種類
胃加答兒
胃擴張
胃アトニー
胃痙
大腸カタル
小腸カタル
病理
原因
症候
診断
靈念法
唸音療法

胃腸病は種類甚だ多く、胃加答兒、胃擴張、胃アトニー、胃痙攣、大腸加答兒、小腸カタル等其重なるもので原因、症狀に於ては何れも多少の相違あり一々枚擧する事あたわざれど多くは食養宜しきを得ずして起りその症狀としては全身に元氣なく、胃部膨滿厭重の感、食慾減退、胃、腸部の疼痛、便秘又は下痢等なり。その治療法も病者によりて適宜の處置を執らざるべからざれど何れも掌を其患部に輕く當てゝ强烈なる唸音傳導を行ひつゝ左の靈念をなすべし。

血液の循環は良くなつて、胃腸は强固になる。
胃液の分泌は旺になつて、消化は良くなり。
食慾は進み便通は順調になる。

第七章　肋膜炎

原因
種類
乾性
濕性
病理

肋膜炎は等閑に附すれば肺を侵すに至るものにして初期に於て充分注意せざるべからず。その原因は多くの場合感冒より來るものにして本病を分ちて乾性と濕性との二種とす。これは炎症により肋膜より一種の病的液汁を滲出するが、その液汁によりて之を區別するなり。乾性肋

症候 膜炎の主たる徴候はその患部に針にて刺さるゝが如き特種なる疼痛を感ずる事と、肋膜炎性摩擦音のあることなり。

診斷 濕性はその病症が増進して肋膜腔内に他の滲出液が生ずるものにして俗に「肋膜に水が溜る」と稱するはこの事なり。

靈念法 本症にはその患部に手をあて唸念を傳導せしめつゝ左の靈念をなすべし

唸音療法

炎症はごれて疼痛は止む。

熱は退いて痰咳嗽は出なくなる。

第八章 心臓病

種類 心臓の疾患も種類多く。或は心嚢を侵すもの、或は瓣膜に故障を起すもの、或は心筋に害を及すもの等あれど、極めて著明にして一般的のものは、急性心臓内膜炎と、心臓瓣膜病である

心臓内膜炎
心臓瓣膜病

前者は血液中に混せる各種の病毒が心臓内膜に固着して生ずるものなり。全身の症状としては、

原因 高度の熱を發し、脳の疾病を誘ひ腹部は膨滿して、下痢を催す。又時としては間歇病の如き容

症候
診斷

態を現す事あり。心臓瓣膜病は、大抵急性心臓内膜炎、から起るものにして勞働者、老年者に多く、黴毒、身體の過勞、酒精中毒等はその有力なる原因とす。この疾病はその經過甚だ永く、病勢が進まば、心臓に痲痺を發し、或は衰弱のため遂に斃るゝに至ることあり。本病に對して

靈念法
唸音療法

は總て心臓部に輕く手をあてゝ唸音傳導を施しつゝ左の靈念をなすべし。

動悸は靜まりて、呼吸困難はよくなる。

心臓の衰弱は治つて血液の循環は順調になる。

第九章　リウマチス、神經痛

關節リウマチス
筋肉リウマチス

リウマチスと神經痛は多少の相違はあれども、その症狀容態殆ど相似たるものなるが故に茲に兩者を一にして述べる事とせり。リウマチスには關節リウマチスと、筋肉リウマチスとあり

誘因
原因
病理
症候

感冒、外傷、濕潤等は重なる誘因となる。關節リウマチスは侵されたる關節に劇甚なる疼痛を起し、腫張して熱を伴ふのが普通にして筋肉を侵されたる時はその部に腫脹浸潤を來し、壓すれば痛みを感じ運動不能となる。又神經痛にて最も多きは坐骨神經痛なり。これは冷たいもの

診斷

ゝ上に坐るとか、儒れ衣服のまゝ冷風に抵るとかした場合、又感冒からも來る、症狀は坐骨の神經に沿ふて堪えられざる疼痛を發するものにして天候の不順な時には著しく感ずるものなり。

靈念法

唸音療法

リウマチス、神經痛共その疼痛の局部に手をあて唸音と共に左の靈念を施すべし。

熱は去り、疼痛は止んで益々血液の運行は良くなる。

第十章　脚氣

種類
原因
醫學界にて疑問となれる病理

脚氣病の原因は目下醫學界の懸案で未だ何れとも確定してゐないが、昨今著しく增加せる疾病なり。

症候

その初期に於ては、下股が重くなり、捲くなつて、時折ピリ〳〵とするやうな感覺が起り或は下股の感覺が鈍くなり、膝部の關節が弛むやうな感じもするべし。それが進めば、漸次に下股の運動の自由が利かなくなり、遂に全く痲痺の狀態に陥るべし。これを萎縮性脚氣といふ。

診斷

又浮腫性脚氣と稱し、下股より漸次全身に浮腫を來すものなり。この時は心悸は亢進し、呼吸は促り、便祕して尿量は減ずる樣になる。又惡性のものは急に衝心を起して數時間乃至數日にして其儘斃るゝに至るものなり。

靈念法

唸音療法

この患者を治療するにあたつては、その患部及び腹部に手をあてゝ唸音と共に左の靈念を施すべし。

心臓の皷動はおさまつて水腫はとれ、痺痲は治る。

胃腸は健全になつて便通はよくなる。

第十一章　脊髓病

よいくく　原因　病理　症候　靈念法　唸音療法

本症は俗に『よひ〳〵』と稱する病氣にして梅毒より來るもの最も多きが如し。其の他、感冒、脊柱の外傷、精神の興奮等よりも誘發する事あり。初期にあつては胸部若しくは腹部に帶を以て堅く締むるやうな痛みあり、又大腿部に電撃樣の疼痛を覺えるなり。終には疝痛が起つたり下痢が起つたりして、終には全く大小便の通じもなくなるものにして其全經過は數年若しくは數十年に渉つて、多くは豫后不良に終る。本症の治療法は腦部及び脊髓部に手をあてゝ唸音と共に左の靈念を施すべし。

病毒は大小便にされて、脊髓の疾患は治る。

疼痛は治つて大小便の通じもよくなる。

第十二章　喘息

種類
病理
症候
診斷
靈念法
唸音療法

喘息には眞の喘息卽ち氣管技喘息と、症候的の喘息卽ち老人の慢性氣管技加答兒或は肺氣腫などから起るものもあれば、又一種反對性の喘息と稱して鼻腔の異常等によりて反對性に發作を起するものもあり。本症の症狀は呼吸が困難となり、一種異樣の高き音を發するものにして、これは本症の特徵とする所なり。患者は甚だしく苦痛を感するが爲めに、一命にかゝはるかとも思はるゝ位なれども發作が止めば、又常體に復する。尤も後に多少の咳嗽と、いくらかの喀痰を殘すものなり。本病者には胸部に手を輕くあてゝ唸音傳導を行ひつゝ左の靈念をするなり。

呼吸は平常に復し、痰咳嗽は出なくなる。

第十三章　痔疾

痔核
脫肛
痔瘻
直腸脫
裂痔
肛圍膿瘍
下血
病理
症候
靈念法
唸音療法

痔疾も又種類極めて多く、通常之れを痔核、脫肛、痔瘻、直腸脫、裂痔、肛圍膿瘍、下血の八種に分ちて、各特有の症狀を呈するものなり。その原因は、第一遺傳、次は常習便秘にしてまた日本人の風習たる跪坐、胡坐も亦これが原因となる、其他、大食、大酒、茶コーヒーの過飮等よりも起るものもあり。術者は治療にあたり、その病者の症狀に應じて或は肛門の膨滿、壓重、灼熱を去り、或は腰部の鈍痛、搔痒、疼痛を退くやう靈念を施しつゝ何れも衣服の上より患部に手をあてゝ靈念するべきは言ふまでもなし。

第十四章　臨床靈念法餘論

內科
眼科
産科
婦人科
外科
小兒科
皮科

以上は單に其の一例に止まるも其の他、內科の諸症、及び眼科、産科、婦人科、外科、小兒科、皮膚科、等あらゆる疾病にも之を應用する事を得べし。噫、何ぞ夫れ偉大なる事よ。因に曰く、有らゆる疾病治療の際、其の靈念法に當りて必ず血液の循環と兩便の排泄とを旺盛ならしむべく靈念すべき事必要なりとす。

第二十一巻　株式期米相場測定祕術

第一章　相場の經濟學的意義

株式賣買
相場の變動

株式の賣買に對して相場の變動は其の魂なり。然らば其の相場の變動とは何ぞやと云ふに、結局、『上《あが》る』か『下る』かの二つに一つなり。甚だ簡明の如しと雖も、其の上る下るの二事が甚だ重要なる事なり。尺進寸退とか寸進尺退と云つて甚だ複雑なる狀態を取るなり。又『保合《もちあひ》』と

保合

稱して動かざるの狀態を取る事あり。此の保合は必ずしも絕對に動かざるの謂に非ずして、多少の變動はあるとも、其の變動の仕方が極めて僅少にして、或る一定の範圍內を上下するに過ぎざるが如き場合を稱するなり。其の上下の範圍が大なれば『大保合』と稱し、その上下の範圍の小なる場合を『小幅《こはゞ》保合』と稱するなり。

大保合
小幅保合

相場變動の原因

相場は如何にして決定さるべきか

取引所に於ける仲買の賣買

仲買自身の賣買

客の賣買

投資的の賣買

投機的の賣買

現株

現株の需要供給

現物市場

扨て相場變動の理由原因を少しく論述せんに、其の相場變動の理由を知らんとするには先づ相場は如何にして決定さるべきかと云ふ事を知らざるべからず。相場の定るは取引所に於ける仲買の賣買によるものなれども、仲買の賣買の中には仲買自身の賣買と客の賣買との二種があるなり。客の賣買中にも投資的の賣買と投機的の賣買とあり、仲買自身の賣買は多くは投機的の賣買なり。投機的の賣買は將來必ず反對の賣買にて相殺《さうさつ》さるべし、卽ち買つたものは轉賣し、賣つたものは買ひ戻さるべき運命を有するものなり。故に殘る所のものは投資的のものにして卽ち配當を取る爲めに正株を引取らんとする買物と、旣に持ち居りし現株を何等かの理由で賣り放すものとなり。此の殘りしものは眞の現株の需要供給なるが故に、相場に變動を變へるべき力は此等の賣買が最も有力なりと云ふべし。現物市場は主として此の種の賣買なれども、相場をすると云ふ上より見るときは、餘り重要にはあらず。

投機取引の特長

需要供給の範圍

然らば投機的の賣買は全然、眞に相場の變動に對して無力なりやと云ふに、然らず。最初、投機的に一時的に買つてみたものも結局引取る樣になる事もあり、また一人にて賣つたり買つたり、何度もするのみならず一人が投機的に買つて直ちに賣れば又他の人が來て一時的に其れを買ふと云ふが如く、一人に就ては一時的でも投機者が多數なれば其の全體より見れば必ずしも一時的ではなくして却て永久的に買手もあれば、また賣手も出て來るなり。これ投機取引の長所にして、相場が立ち、證據金のみにて自由に賣買の出來得るに從ひて需要供給の範圍が自から廣くなるものなり。

利廻り

東株新東株

されど兎に角、投資的の賣買が株式の需要供給の根元なるが故に、一般の株式については利廻りと云ふ事が相場の根本となる。現物市場の相場に至りては殊に然りとす。尤も東株、新東株の如きは殆んど純投機的の株式にして利廻りには餘り大なる關係を持たざれど、是れは先づ例外とす。されど利廻りを主として買ひ又は賣る者でも、決して將來の相場を無視するにはあらず。又、投機的の賣買をなす者に取りては勿論、將來の相場が其の賣買を支配すべき最も力づよき原因の一なり。故に利廻りは單なる相場の大體の位置を定むるに止まりて、變動は主として將來の相場に對する賣買者の信念に依りて決するものなり。此の信念は又資力によりて動

信念と資力

かされつゝ、此の信念と資力とが、儲け度いと云ふ希望と損をしてはならぬとの恐怖とに繋《つな》がつて茲に賣買の行爲となり轉賣買戻の行爲となるなり。

玉を投ぐ

經濟界の變動

材料 金融

然るに高くなる安くなると思ふ信念たるや極めてアヤフヤなるものなり。資力に乏しき者は特に動搖し易きのみならず、時としては資力缺乏の爲めに既に賣買せし玉《ぎよく》を投《な》げざるを得ざるに至る事あり。又、社會に起りつゝある萬般の事實、殊に經濟界の變動によりて信念が動搖す、之を『材料』と稱す。材料には突發的、偶發的のものと、常に株式市場と關係深き金融の如きものもあるなり。先づ最初、大體、形づくられたる見込は突然的の豫期せざりし反對の出來事に依りて脅《おび》やかされ、其の上、最初に信念の基礎たりし一般の景氣に對する見込は他に偶發的の材料は無くとも當人は常に半信半疑の狀態にあるなり。誤れる信念を頑强に固持すれば大なる打擊を受くべきや勿論なり。故に此の點に於ては相場の材料よりも寧ろ、『足取り』即ち市場の景氣に應じて賣買する事になるべし。故に相場は材料によりて變動するときと、單に足取りより來れる人氣、即ち押目買、又は戻り賣の如きものに依つて變動するときとあるなり。而して之等の信念が相場へ現はるゝとき、又それが現はれし後の相場は賣買の手口に依つて變動を來たす。

景氣に對する見込み

足取り

人氣 押目買 戻り賣

賣買の結果

以上、これを綜合して述ぶれば、相場は第一、賣買の結果なり、其の賣買なる行爲は賣買する人の將來の見込みと資力とに依て行はる。而して其の見込みたるや(イ)材料、特に突發的の出來事によりて動搖し、常に起りつゝある材料に就ては寧ろ(ロ)過去の相場の足取の足取りによりて推測さるべし。而して(ハ)之等の信念と資力關係が賣買行爲となりて相場を變動せしむるは、手口關係や仕手關係に依りて異るものなり。卽ち(一)足取り、(二)材料、(三)賣買手口この三つが相錯綜して始めて日々の相場が刻々に變動し行くものなり。而して又、現今の相場の中には將來に對する相場の動因となる材料、足取り、賣買手口の三つが含まれてあるなり。

信念と資力關係

手口關係
仕手關係

されど此の三つ以外に外部より相場の變動を制限すべき事情が二つあり。曰く(一)は賣買さるべき株式の分配、狀態、浮動株の量にして、(二)は銀行の賣買者に對する關係なり。之等の事に就ては玆に之を詳述するの餘暇なきをもつて、之を略せん。

株式の分配狀態浮動株

銀行との關係

第二章　相場變動表示法

相場の表示法

然らば相場の表示法は如何。卽と相場變動は如何にして示さる可きや。

定期の相場
本場の寄付
本場の大引

定期の相場は一日四回、本場《ほんば》の『寄付《よりつき》』『大引《おほびき》』、後場の『寄付』『大引』となる。但し東株のみは

後場の寄付
後場の大引

本場、後場に各第一第二とあるが故に八回の相場が立つなり。取引所の帳簿には毎日、本場の大引の時に平均を採りて記入すれど、普通には其の日の相場は後場の大引に於ける價を指すものとす。新聞等に掲載されたる前日との比較も、前日の後場大引と今日の後場大引との比較なり。

現物の相場

現物の相場は一日中に商の出來る毎に變動するものなれど、普通、毎日の中値《なかね》を標準とす。

中値

毎日の中値は大抵、正午頃の値段にして午後は多少の變動あるものとす。

一日の相場
一週間の相場

一日の相場の變動を表示するには本場の寄付大引と後場の寄付大引と四回の値段を掲ぐるもさして面倒にはあらざれど、既に一週間となれば日曜日を除くも二十四回の相場を示さゞるべからざるを以て非常に面倒なり。故に斯かる場合には寄付を省略して本場の大引と後場の大引のみを以て示すものなり。例之は大正三年に於ける歐洲戰爭の勃發當初の相場を示すに左の如き方法によれり。

第一表

	(郵船)	(鐘紡)	(後藤毛)	(麥酒)	(東株)	(同新)
(七月二十三日中値)	一〇八、二五	九八、八五	四一、五〇	——	一二九、七〇	九八、三〇

廿五日本	一〇七、五五	九八、一五	――	八六、八〇	一二五、八〇	九六、〇〇
廿五日後	一〇七、五五	九八、五〇	四一、〇〇	――	一二六、七〇	九六、一〇
廿七日本	一〇六、五〇	九七、九五	四〇、六〇	八八、〇〇	一二五、九五	九五、〇五
廿七日後	一〇六、七五	九七、六〇	四〇、五〇	八八、〇〇	一二五、三〇	九三、九五
廿八日(本)	一〇六、二〇	九七、〇〇	四〇、〇五	八七、八〇	一二三、三〇	九二、一〇
卅一日本	一〇四、九五	九五、二五	――	八七、〇〇	一二〇、六〇	八九、一〇
卅一日後	一〇五、一〇	九五、九〇	――	八七、五〇	一一七、〇五	八七、一五
八月一日本	一〇五、三〇	九一、九〇	――	八六、八〇	一一七、〇〇	八七、一五
八月一日後	一〇五、一五	九一、二〇	――	――	一一四、七五	八四、二〇
三日(本)	一〇三、五〇	八七、九五	――	八二、八五	一〇四、五〇	七七、二〇
廿三日との比較 安	四、七五	一〇、九〇	――	三、九五	二五、二〇	二一、一〇

されど毎月發會の氣配を示すには普通は第一立會當日の寄付相場を採る。然れども其の日の先物相場の比較は前日に賣買なきが故に中物を採りて前月末の先物と比較するなり。

先物中物

次に數ヶ月乃至數年間の相場を示すには、たとへ大引だけでも毎日のものを一々これを掲ぐるは啻に面倒なるのみならず、之を見るにも亦大ゐに面倒なるを以て、一週間なり或ひは一ヶ月なり或ひは又一ヶ年なりの相場の中にて最高のものと最底のものとを掲ぐるの方法あり。但

最高相場 最低相場 平均相場

し此の際は普通は同時に其の平均相場をも示すものとす。

平均の仕方
第一法
第二法
第三法
第四法

平均の仕方には種々あれども、(一)最も簡單なる方法は最高最底の中間を採るなりされど此の方法は極めて不精確なりと云ふべし。(二)惣べての相場を一週間なり一ヶ月なりを加へて而して其の回數にて割る、即ち數學上の相加平均の方法を採る。(三)は毎日の大引だけを集めて日數で割るもの、但しこれも第一の方法と同じく不精確なるを以て廣く用ひられず。(四)の方法は賣買出來高、即ち株數を乘じてから總べてを加へ、其の合計を惣株數にて除したる平均なり。即ち一日の平均は四回の各立會で定まりし相場と各出來高とを掛け合して合計したものを其の日の總出來高にて除したる平均なり。一週間、一ヶ月、一ヶ年すべて此の方法に準ず。此の方法は最も精確なり。

第三章　相場罫線法

市場の形勢

毎日の變動は特殊の場合を除けば、さして激しきものにはあらざれど　然し毎日、第二章の如く相場の變動を記錄して行つて過去の所を顧みれば、軈て來るべき市場の形勢が明瞭になり來るものなり。即ち一日中には何度も上下し三日上りて四日間下落を續けると云ふが如く、一

上り相場下り相場

日又は一週間では全體相場が目下、上りつゝあるか又は下りつゝあるかを知り能はず。然れども之を一ヶ月或は一ヶ年なりを繼續すれば、あの時が上り相場の始めなりしとかあの時が下り相場の終局なりしとか云ふ事が判明し、更らに其の原因も判然し來るものなり。而して現狀は果して尙ほ下落相場の中途にありや、將た又、今後の趨勢如何と云ふ事も、判然するものなり。

罫線足取り表

斯くの如き事を研究する目的のために、相場の變動を第二章に於て述べたるが如き單なる數字的記錄にはあらずして玆に罫線卽ち足取り表なるものあり。これは長期間の相場を示さんが爲めに惣べて簡略を旨とし、每月の平均相場を百二十圓以下は一區劃一圓百二十圓以上は一區劃五圓として每月の變動を示す。但し期米の罫線などは斯樣な簡略なるものにては精の用をなさず、少くとも每日の前後場或ひは各節、又

期米の罫線

第一表星形足取表

（第一圖）

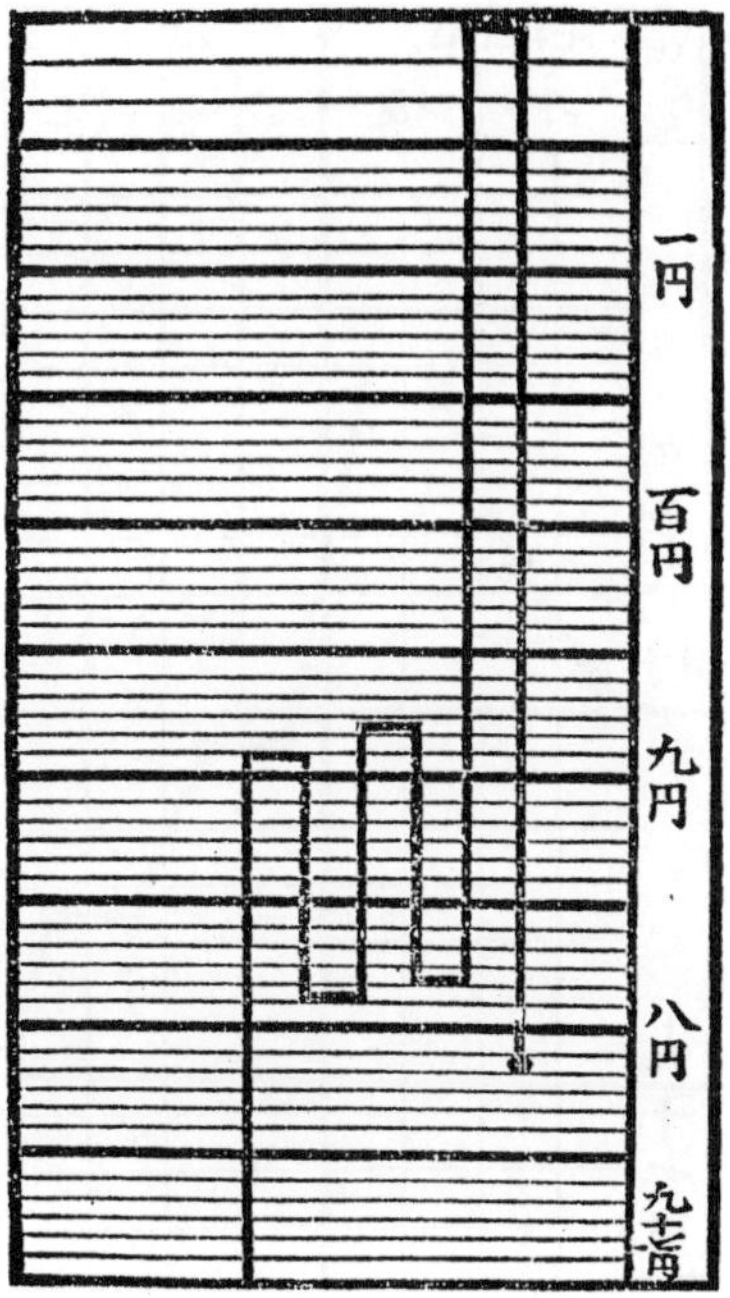

（星形足取表）

（第二圖）

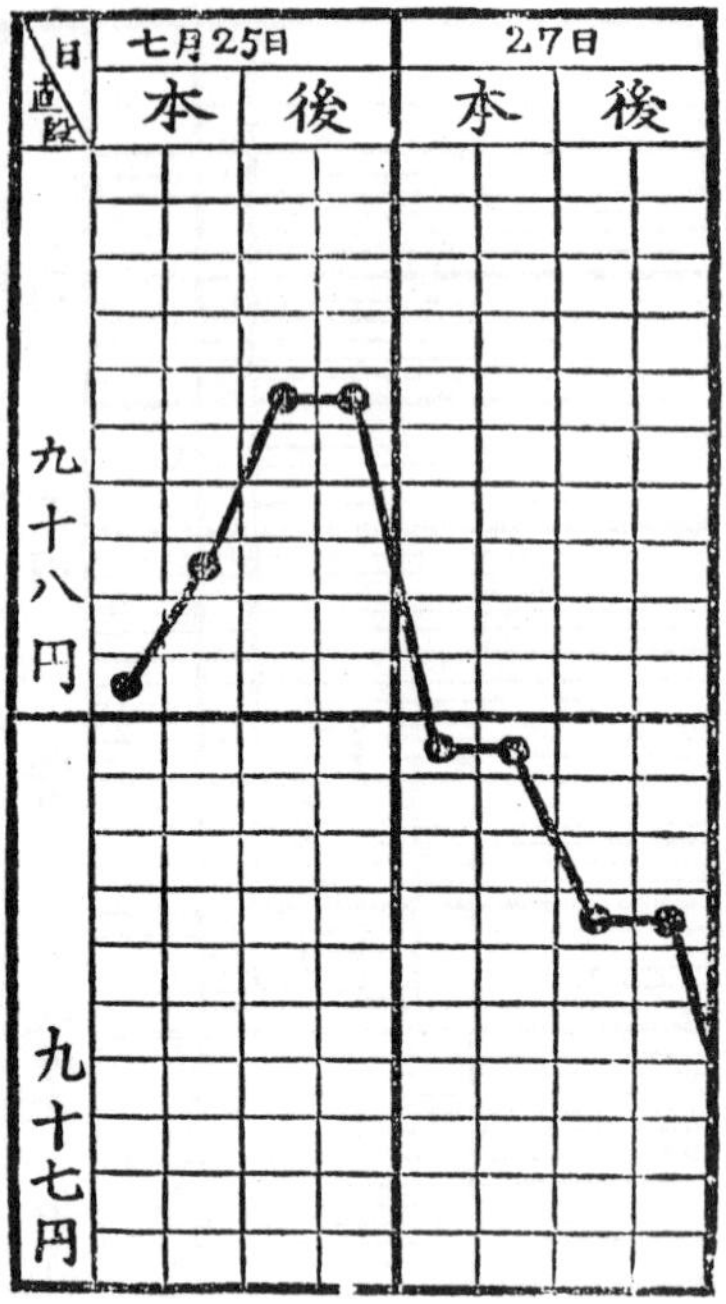

（鉤形描法）

は半日或ひは一日の最高最低を一錢を單位として示さゞるべからず。株式に於てもヂキの足取表は同樣に五錢を單位とす。定期も之を充分詳しく示さんと欲すれば横を毎日又は一日を更に四回に分け、縦の區劃を五錢宛にして毎立會の相場を繼《つな》ぎ行けば最も精密なる相場の趨勢を知り得べきものなり。第一圖、即ち『星形足取表』は是れなり。

足取表には更らに他の方法あり。第二圖の如きも其の一つなり。

第四章　靈明線現出法祕傳

抑も〳〵株式にても期米にても一見、相場は人爲的なるが如き觀ありと雖も、之れは誤りに

相場自體のエネルギー

靈明線

靈明線の現出祕法

百萬圓利殖法

して、相場の高低は相場自體のエネルギーによりて或る軌道を走りつゝあるものなり。此れ靈明行道の相場哲學にして、此の哲學觀よりして玆に相場『靈明線』なるものを得たり。之を應用する時は忽ちにして百萬長者となり得るものなり。然れども諸子は今や金を儲けんが爲めに此の靈明行道の敎へを修するにはあらず。利慾と修養とを混同するは眞の修養の道にあらず。故に玆にはワザと靈明線の極祕を省略す。但し機を見て別に之を發表すべし。

第二十二卷　比較靈明術

第一章　比較靈明術

比較研究

中外邦靈界の諸術

凡そ何れの學を學ぶも、其の學それ自體のみの研究では其の堂奥に入る能はず、必らずや自他の事項を比較研究する所なかるべからず。こゝに題して比較靈明術と云ふ、亦た一種の比較學なり。卽ち現今我國靈界に散見する諸他の方術を列擧し極めて公平無私の態度を以て其の各種の方術の比較研究をなさんとす。是れ軈て幽遠なる我が靈明術の中の一種なるべければなり。

第二章　太靈道の靈子術

田中守平氏太靈道とは何ぞや

太靈道とは何ぞや。主元田中守平氏曰く、『太靈道は宗敎にあらず、道德に非ず哲學にも非ざれば科學にも非ずして之等の過去時代にありて人類世界に現はれたる有らゆる思想學術を超越したるものなる事これなり。而して太靈道は宗敎に對しては其の源泉であり、道德に對しては其の根本であり、哲學に對しては其の基礎であり、科學に對しては其の對照たる事をも了知せざる可らず、卽ち太靈道は宗敎以上道德以上哲學以上科學以上に超越したるものにして而も之等の思想學術の惣合的大統本原たるべきものなり。

「太」「靈」「道」

宇宙は卽ち太靈の顯現にして、太とは大小差別の比較を絕し、『靈』とは物心萬有の根源を意味す、『道』は萬有及び萬有の根本惣べてに通じ行はるゝ所の道則を意味す。卽ち太靈道とは絕對超越にして萬有の根本たる所の靈の道則と云ふ義に歸着す云々』と、

靈理學とは何ぞや

次に其の靈理學とは何ぞや。同じく田中守平氏は曰く、『靈理學とは在來物質界の有らゆる現象に對して物理學の原則を以て解尺し精神界の惣ての現象に對しては不完全ながらも心理學の原則を以て解尺し、而して學者の多くは宇宙間の現象は物質及び精神の二元以外に何物をも之

靈子作用

を認めざりしと雖も、事實上に於ては、物質作用にもあらず精神作用にも非ざる現象あり、例之ば靈子作用の如きは卽ち其れにして到底物理學や心理學に依て解尺し得るものに非ず、玆に於てか物質界に於ける物理學、精神界に於ける心理學に對して靈界に於ては新たに靈理學なるものを創建ずるに到れり云々』と、靈理學の大意は第三輯に於て之を詳細に論述する事として田中守平氏が『普く萬衆に諧ぐ』と題して其の堂々たる『公宣』を企てられつゝあるは要するに其の靈子術の普及を目的とせるには非ざるか。

靈理學の大意

「普く萬衆に諧ぐ」「公宣」

靈子術
靈子

果して然らば其の靈子術とは抑も何ぞや。曰く靈子術とは靈子と稱するものゝ作用を體得し發現し應用するの謂にして、換言すれば靈子作用を精神物質の結合體なる生命現象の上に應用するところの法術なりと。

靈子術を行なふ法
靈子顯動作用
靈子潛動作用

然らば其の靈子術を行ふ法は如何。それには二種の方法あり、一を靈子顯動作用と云ひ、一を靈子潛動作用と稱す。顯動作用とは靈子の運動が自己の肉體上に現はれて肉體を微動せしむる事なり。而して潛動作用の方は、靈子の微動が行者自身の肉體上に現はれずして他の物體、又は他の人に傳はつて其れに顯動作用を起さしむる事なり。

顯動作用を起こす法
座式

然らば顯動作用を起す法は如何。先づ之を行なふ時の姿勢には正座して行なふ『座式』、立ち

立式
臥式
自由式
第一型式
「兩腕前伸」
第二型式
「合掌」
第三型式
「横動」
第四型式
「縦動」
第五型式
「飛動」
第六型式
「叉掌」
第七型式
「曲臂凝掌」
第八型式
「曲臂握掌」
第九型式
「伸臂」
第十型式
「垂臂」
立式「脚動」
(一)
立式「脚動」
(二)
全眞太靈・・・
眞點

て行なふ『立式』、臥して行なふ『臥式』、任意の姿勢にて行なふ『自由式』の四種あり。而して、座式にも第一型式『兩腕前伸』、第二型式『合掌』、第三型式『横動』、第四型式『縦動』、第五型式『飛動』、第六型式『叉掌』、第七型式『曲臂凝掌』、第八型式『曲臂握掌』、第九型式『伸臂』、第十型式『垂臂』、等があり、立式にも右十個の型式の他に尚ほ立式『脚動』(一)立式『脚動』(二)あり。

先づ座式を修するには正座し瞑目して『全眞太靈』、『々々々々』、『々々々々』と默唱するなり。而して其の座式の第一型式たる兩腕前伸とは兩腕の筋肉をば緊張させ、各の指をば互ひに固く密着せしめ、掌に力を入れつつ握らずに掌を下に向けて兩臂を前方に伸す。第二型式とは兩腕を緊張せしめて之を充分に前伸して後に兩臂を水平に張りて合掌す。その合掌たるや左右兩掌の中指の下方、約五分ほどの所にギユッと力を罩《こ》めて掌を合はすなり。顯動作用の修法に於ては、それ〴〵力の罩める個所あり其の力を罩むる點をば『眞點』と稱す。座式の場合には兩掌の中指の下方、約五分ほどの所が座式の時の眞點なり。此の眞點に力を罩めて居れば掌は自然に左右に『横動』し、上下に縦動し、軈ては全身が縦動して所謂る第五型式の『飛動』となる。前述の第二型式の『合掌』とは要するに佛教にて所謂る『堅實心合掌』と同一なり、而して次に第

堅實心合掌

外縛印

六型式の『叉掌』とは佛敎の『外縛の印』と同一にするなり。卽ち左右の指を互ひに交叉して合掌す。其の方法は第二式に準ず。第七の『曲臂凝掌』は兩臂を屈曲し兩掌を下に向けて胸の邊へ置く。第八型式は第七の場合の掌を握る。第九式は片臂は膝の上に置き片臂のみ前方に伸ばして第一式の如くす。第十式は唯だ極めて輕く臂を下に垂れて第一式の如くするなり。次に立式にも以上の十個の方法あり、尙ほ立式には『脚動』(一)は直立し、手を微動さゝずに足のみ、『脚動』(二)は椅子に掛けて、足のみを微動せしむるなり。次に臥式とは或ひは俯臥し、或ひは抑臥し、或は兩脚を上げ等して微動を起さしむ。又、自由式とは或ひは歩行等の際に、或ひは他の仕事を爲しつゝ自己の身體に微動を起こさしむ。これ等は皆な座式第一、第二、第三、等の修法を重ぬれば自由に行なひ得るものなり。以上の顯動作用は特に太靈道の門に入つて之を學ばずとも何人でも自由に行なひ得るものなれば諸子も試みに實驗せられよ。

吹息顯動法

又た、『吹息顯動法』なるものもあれど、これとても何人にても自在に行なひ得べし。

潜動作用を起こす法

靈子板

靈子板の構造と用法

押掌潜動法

次に潜動作用を起こす法を述べん。先づ靈子潜動作用を修するには『靈子板』と稱するものを要す。靈子板とは松か檜などの如き輕き板を縦七寸、横四寸、厚さ五分ぐらゐの長方形に最も滑らかに削れるものなす。今、此の靈子板を以て潜動作用を起こすには先づ『押掌《あふせう》潜動法』なる方法より始む。卽ち、靈子板を一枚を疊の上に置き、其の靈子板の上に薄き紙を一枚ぐらゐ隔てたる心持ちを以て掌を輕く其の板の上に載せて居れば、掌より放射する靈子は其の板に傳はりて玆に潛動作用を起し、板は自ら動きて前進す。最初は一枚の靈子板にて成巧すれぱ更に其上に一枚を重ねて試む。さすれば二枚が重なり合つたまゝ前進す。之が成巧すれば更に三枚、四枚と次第に板の數をば增して行き、終ひに百枚を重ねて動かし得るに至れば病氣治療を行ふに差支なき能力を得たる徵《しるし》なりと云ふ。

更らに潛動法には『廻轉潛動法』と稱する方法あり。又、『皮膚潛動法』と稱して皮膚の或る部分を潛動せしむる法あり。又、『潛端《そうたん》爪動法』とは自己の爪《つめ》の端を潛動せしむるの法なり。又、『聯接潛動法』とは平面に置きたる靈子板と斜形に持ちたる靈子板とが同時に自動するの法なり。其の他『間隔潛動法』と稱して自己の手を觸れしめずして潛動せしむるの法あり。又、『卓子潛動法』、『椅子潛動法』などと稱して卓子や椅子に潛動作用を傳へしむるの法など、あれども要するに皆な同じ事なれば玆には之が解說を省略せん。

廻轉潛動法
皮膚潛動法
爪端潛動法
聯接潛動法
間隔潛動法
卓子潛動法
椅子潛動法

第三章　神祕會の心力波及術

帝國神祕會催眠術田宮馨氏心力波及術とは何ぞや
灰白質説電波説人體オーラ説

大阪帝國神祕會と稱する催眠術の會團を組織せる田宮馨氏の主唱になれる所謂る心力波及術とは抑も如何なるものなりや。

田宮氏の波及論は灰白質説と電波説と『人體オーラ』とを、旨く搗き合せたる催眠術的の學説にして、其の説く所に依れば吾人の腦髓の灰白質部の振動は空間のエーテルに傳はりて其所に一種の波を起させ、其の波が他の物體又は他人の身體に波及して以て靈力を現出すと云ふ説なり。

心力波及術を行なふ法

而して此の心力波及術を行なふ法は何等の特別なる祕傳あるに非ず、全く念力に依る。即ち自己の右手を温かくせんとするには右手を睨んで温くなれと凝念す。又、一丁ほど向《むこ》ふを歩行せる人を背後《うしろ》むかさんと欲すれば念力を集注して其の人を睨むなり。

第四章　呼吸式感應法

呼吸式感態法とは何ぞや
日本心靈學會渡邊藤交氏
立渡感應
感應術を行なふ法

京都の日本心靈學會渡邊藤交氏の心靈感應は心理學の心身双關を基礎とせる立場より心靈力を患者の身體に感應せしめて以て其の病氣の治療をなさんとするものなり。

行者は先づ患者と相ひ對して正座し、而して靜かに調息の丹田呼吸をなし、無我の境地に達せるとき始めて兩手端の光波を患者の患部に當てつゝ、治療の思念を凝らす。さすれば忽ち行者の丹田部に微妙なる震動が起り、その震動が手を傳はりて患者に傳波し所謂る『波動感應』を起して其の病氣を治療するなり。

第五章　リズム學院のリズム術

リズムの意義
律
調子

抑もリズムとは『律』と譯し、一定の規律的不斷の波動狀活動の謂ひなり。換言すれば惣べての物が運動するに當りて、それが一定の調子を以て進行する時は、其の調子をリズムと云ふ。彼の原子の振動も一種のリズムなれば、又、色も一種のリズム、其の他、宇宙間の物には皆一定のリズムなるものありて存す。

小リズム
大リズム
絶對リズム
生體リズム
栗田仙堂氏
リズム新科學
動律

今、そのリズムにも一秒間に何億萬回の振動をする『小リズム』もあれば又、數百年間に一度ほどしか爲さざる『大リズム』もあり。又、宇宙を統宰たるべき宇宙間に於て唯一無二のリズム卽ち『絶對リズム』なるものもあり。又、行者の身體より放射して病氣癒能の力あるべき『生體リズム』もあり。とは是れリズム學院の創設者たる栗田仙堂氏の主唱する『リズム新科學』に於て説く所なり。卽ち栗田氏は曰く、『動律と云ふ一つの作用が宇宙の全體に隅から隅まで行渡

動律作用
動律素
リズム術を行なふ法
動律作用を起こす法
リズム回元術
肉體躍動
顫動狀態
顫律作用

つて行はれてゐる。此の動律作用は如何なる堅固の物質をも透徹する、否な透徹するのでは無く其れ自身が動律の素すなはち動律素である。其の作用が有形無形に係らず一の特性特能ある物質が出來る。物質が電氣たると水素たるとに係らず其特性ありとするは卽ち動律作用に依ることにて動律作用がなければ其等の特性物が造られもしない云々』と、今そのリズム術、卽ちリズム回元術を行なふ法、卽ち動律作用を起こす法は如何。それは先づ力を入れて合掌し、忘念を去りて默禱すれば忽ち掌は震ひ、身體は振ひて所謂る肉體躍動が始まりて玆に顫動狀態となり而して顫律作用は現はれて他人の疾病を治し、或は神通的の魔力を現はすに至ると云ふものなり。此のリズム術は全く彼の太靈道の靈子術の流れを汲めるが如き個所あり。

第六章　靈智學隱祕教の術

靈智學とは何ぞや
●シオソフイ●
靈智學の起源

靈智學とは原名を『シオソフイ』と稱し、『神聖なる智識の學問』と云ふ字義なり。此の靈智學は第三世紀ごろ H. P. Blavastky 女史に依りて創設されたるものにして、其の說く所は曰く一個の神靈が一切宇宙の根本なりとの言條に基づき、人間の本心は此の神靈より發する一種の光線にして從つて人間は永久的に不死なりとし、且つ其の神靈の力が自然現象の裡《うら》に隱《かく》れてゐて

世界同胞靈智學會

不可思議なる自然の祕密を明らかにし且つ人間に隱れてゐる所の靈精の力を研究する學問なりと。而して此の學問の普及の目的を以て『世界同胞及靈智學會』なるものが組織せられ米國加州ポイントローマに本部を設置して以て普ねく世界同胞主義の宣傳に努められつゝあり。

隱祕教とは何ぞやオツカルチズム

次に隱祕教とは原名を『オツカルチズム』と稱し、是れは靈智學の祕密的方面のみを獨立させたるものにして、自然界に隱れたる祕密を信仰し且つ之を行なふと云ふ一種の宗教なり。

靈智學隱祕教術を行なふ法

扨て靈智學隱祕教の術を行なふ法は先づ、行者は一切の慾念を去り、極めて清淨なる愛の心のみを以て之を念づるなり。即ちこれは彼の思念術と同一なり。何等特別の倶體的型式に依らず、ただ單に心を淸淨にすれば一切の靈力を發動し得るものと信念のもとに念力のみを以て行なふなり。

第七章　アウン術

大久保公雲氏阿吽の理仁王尊アウン術を行なふ法直立アウン術

大久保公雲氏のアウン術とは佛教で所謂る『阿吽』の理にもとづき、且つ又、仁王尊の阿吽の構へ方より案出せる一種の呼吸法的の病氣治療法なり。

然らば其の法は如何。先づ直立時の場合には（一）（イ）兩手の拇指をば中指の下に入れて固く

伏臥アウン術

握り、手、足、及び丹田に力を入れ、(ロ)左足を前方約一尺ほど出し膝を屈《ま》げて腰を下《さ》げ(ハ)兩手を握りしまゝ肩と平均に開き、右手を肱から屈げて拳《こぶし》を頭と平均にして身體を左に捻《ひね》つて天を仰ぎ、(ニ)口を結び鼻から空氣を吸ひ下腹を凹《へこ》ませ『ウーンッ』と力《りき》んで暫時これを堪へ、(此の間、忘我の境に入りて心を清淨にせよ)、(ホ)口を開き丹田に力を入れて『アーッ』と丹田部を凸《ふく》らせ乍ら靜に氣を吐き同時に左右の手をば徐々に降して左足を引いて舊の姿勢に復す、

(二)(イ)次に、(一)の(イ)と同じ姿勢を取り、(ロ)右足を前方約一尺出し膝を屈げて腰を下ろし(ハ)兩手を握りしまゝ肩と平均に開き左手を肱から屈げて拳を頭と平均にし身體を右に捻つて天を仰ぎ、(ニ)口を結び鼻から空氣を吸ひ丹田を凹ませつゝ『ウーンッ』と力《りき》んで暫時堪《こ》らへ(此の間、忘我の境に入りて心を清淨にす)、(ホ)口を開き丹田に力を入れ『アーッ』と丹田部を凸ませつゝ極めて靜かに空氣を吐き、同時に左右の手をば徐々に降《お》ろし右足を引いて舊の姿勢に復す。此の(一)と(二)とを何回もくり返すべし。

其の他『伏臥アウン術』もあれど、同じければ之を省略せむ。

第八章　耳根圓通法と妙智療法

耳根圓通法の起原
原田玄龍師
原坦山師

耳根圓通法は原田玄龍師の發見にして師は五十余年之を實地に驗して確證を得たるを、照元は先年其理論を原坦山師の所論に基き耳根圓通法秘錄として世に宣傳したるも、近年照元は皇典の研究に沒頭したる爲めに門人片桐正雄氏に之を讓り、氏は目下京都に於て健壽修養會を設け熱心に宣傳し居れり。而して其耳根圓通法は身心解脫の根本的修行法にして且つ造化生々の靈樞を握り得るものにして、之を修得すれば煩惱の解脫と共に必ずや身體强健の靈果を修め得て而して以て金剛三昧の術を發現し得るものにして其の實修法は極めて祕奧にして僅少なる紙數には能く之を解説し能はず、故に之を略す。

造化生々の靈樞

金剛三昧の術

妙智療法の實修法

耳根圓通妙智療法は全く照元の獨創にして、術者修養の妙智を以て他の疾病を治療する靈法なり。

第九章　プラナ療法

プラナの意義

そも〳〵『プラナ』とは印度哲學上の術語にして、『生力』或ひは『靈氣』の意なるべく、宇宙に於ける一切活動の根源本體なり。

プラナの本體

然らば其のプラナとは何ぞや、其の本體は如何と云ふ問題に至れば其の説明は實に困難なるべく之に判然たる定義を與へ難しと云へども、要するに宇宙間一切現象の主體とでも云ひつべきか。

プラナ療法とは何ぞや　プラナ療法を行なふ法

而して其のプラナ療法とは何ぞやと云へば、其のプラナを利用して種々の疾病を治療する一種の精神療法に他ならず。

第十章　くれない療法

べに療法とくれない療法　紅療法の山下氏

『くれない療法』とは何ぞや。それは卽ち彼の『べに療法』の事なり。べに療法とは卽ち紅療法なり。

くれない法を行なふ法　紅素

山下氏の主唱に係るものにして、其の方法は、紅《べに》を溶《と》き置き、枇杷の枝を箸《はし》の如くに切り、尖端を鋭《とが》らせ、其の尖端へ紅汁を附けて患者の患部を突くと云ふなり。而して學者の研究に依れば其の紅汁の中には『紅素』と稱する一種の癒能作用ある物質のあることを發見されたり。

第十一章　色彩療法

色彩療法とは何ぞや　療色素

色彩療法とは何ぞや。卽ち色彩療法とは　種々なる色の作用に依て疾病を治療すると云ふ法

赤黄綠紫青色紙　赤色療法　黄色療法　綠色療法　紫色療法　青色療法　色彩癒能力

なり。換言すれば『療色素』と稱して赤、黄、綠、紫、青、その他いろ〳〵の色紙を患者に見せて其の色彩の作用に依つて疾病を治療せんとする方法なり。而して赤色の色紙を見せて治療し得る患者もあれば、又黄色を見せて治療し得る患者もあり、又、綠色、紫色、青色と、それぞれ各人に依つて其の色を異にす。而して赤紙を以てするを赤色療法と云ひ黄紙を以てするを黄色療法、綠色を以てするを綠色療法、紫を紫色療法、青を青色療法と云ふ。卽ち色彩には一種の癒能力があるものにして之を色彩癒能力と云ふ。

色彩療法を行なふ法

扨て此の色彩療法を行なふ法は、別に六ケしき事には非ず。たゞ單に前述の如き色紙を見せるのみにて可なり。

第十二章　精神靈動術

桑原天然氏精神靈動の意義　精神靈動を行なふ法

天然、故桑原俊郎氏の精神靈動は十年ほど前には隨分やかましく持てはやされたるものなり。其の精神靈動とは、吾人の精神が至誠なれば、其の至誠の精神は一種の靈動を起こして、有らゆる奇蹟を行なひ得るとなす所の一種の念力說なり。從て其の方法も別に何等の型式なく、單なる念力のみを以てするなり。

第十三章　思念術

松橋吉之助氏思念術とは何ぞ思念術を行なふ法

思念術は北海道の松橋吉之助氏が主唱せし所のもの、松橋氏は桑原俊郎氏の門弟にして其の説ける所の思念術も全く桑原氏の精神靈動術と同一にして、従つて其の方法も矢張り念力に他ならざるなり。

第十四章　哲理療法

哲理療法鈴木美山氏哲理療法を行なふ法

哲理、療法は鈴木美山氏の唱道せる所のものなり。其の哲理療法を行なふには冥目して心身の平靜を待ち、而して患者の姓名を思念し、次に其の病氣治癒を思念するものなり。

鈴木氏の病理觀

之を以て是を見れば鈴木氏の哲理療法をまた一種の念力術に他ならず。されど鈴木氏の疾病觀は、卽ち氏の病理觀は古代原始時代の宗教の病理觀に似たり。卽ち疾病は惣べて心の罪惡より來ると。故に其の治療は心の不淨を振ふに在りと。

第十五章　剃刀療法

剃刀療法とは何ぞや
森破凡氏
剃刀療法を行なふ法
剃刀靈氣

夫れ、剃刀《かみそり》療法とは、森破凡氏が一時唱道せし所のものにして、此の剃刀療法を行なふには鋭利なる剃刀を患者の患部に接觸せしめ、『エイッと』云ふ氣合と共に疾病を治癒せしむる所のものなり。氏の說に依れば剃刀には一種の靈氣、卽ち、剃刀靈氣なるものあり、而して氣合を以て其の靈氣を發現せしめ、而して以て病氣を治癒すと。

第十六章　天靈術

中野天源氏
天靈術とは何ぞや
靈感
靈動
靈力
天靈術の祕奥
交靈法

大阪は東成に本部を設置して普ねく公宣に努めつゝある中野天源氏の所謂る天靈術とは抑々何ぞや。其の云ふ所に依れば、『天靈術は實に中野氏が積年の心血を灑がれたる刻苦研鑽の結晶にして幽玄なる靈的能力を而も極めて容易に體得應用せしむる事を得るもの、前代未知未發、眞にこれ人類の驚異なり、此の天靈術に於ける靈感、靈動、靈力の三作用は治病矯癖その他に應用して效あり云々』と。

次に其の最も祕奥とする天靈術の法、卽ち所謂る『交靈法』とは一種の自己催眠にして宗教的

天靈教

に心身の平靜を得て而して以て或る種の靈力を得んとするものなり。

而も中野氏は教會法によりて別に天靈教なるものを組織し、其れに此の天靈術をば應用せんとしつゝあり。將來、注目に値すべき事にはあらざるか。

第十七章　觸金療法

觸金療法とは何ぞや
銀療法
鐵療法
金療法
鉛療法
アルミニウム療法
亞鉛療法
觸金療法を行なふ法
金屬の癒能作用

觸金療法とは元來、歐洲に於て行はれたる所の療法にして、讀んで字の如く、患者の患部へ或る金屬板を接觸せしめて以て治癒せしめんとするの方法なり。而して其の中にも多々あり、銀板を觸れしむるを銀療法、鐵を觸れしむるを鐵療法、その他、鉛療法、金療法、アルミニウム療法、亞鉛療法等の種類あるが如し。その行なふ方法や、極めて簡にして且つ單なり、即ち此等の金屬板を接觸せしむるのみにて可なり。金屬中には或る一種の癒能力が潜めるものゝ如し。

第十八章　人身ラヂウム術

松本道別氏人身ラヂウム放射

松本道別氏の主唱する人身ラヂウム術は一種の人身オーラ說と共通の點を見出し得べきか。

ラジウム術を行なふ法

それ、人間の身體よりはラヂウムの如き一種の放射線が流出せしめ得べき素質を有す。今此の術を用ふる時は容易に此の放射線を流出せしめ得て有らゆる奇蹟を發現し得と。

第十九章　江間式心身鍛錬法

江間俊一氏

江間式鍛錬法とは何ぞや

江間式鍛錬法を行なふ法

江間式氣合術

江間俊一氏の唱道せる江間式心身鍛錬法は此の廢頽せる世道人心を覺醒し濟度せんとの目的を以て宣傳せられつゝある所のものなり。

其の方法は一種の氣合術にして、所謂る江間式氣合術と稱する所のものにして、他に何等別個の方法あるに非ざる也。

第廿三卷　神格發現論

第一章　本具の神性に覺めよ

人類の始祖

エデンの園

禁制の木の實

アダム

エホバの神

『汝は額に汗して食物を食ひて終ひに土に歸らん、汝は塵なれば塵に歸るべきなり』とは是れ昔、人類の始祖アダムが、エデンの園に實《みの》れる『禁制の樹の實《み》』を食《くら》ひしとき、エホバの神が

悲哀の巷

怒りてアダムに命ぜし一大鐵槌なり。實《げ》にや神命重きこと尚ほ鼎の如く、世界の人類は其れ以來、今に到るも尚ほ生死と劬勞と悲哀の巷を逍遙しつゝあるなり。

靈鷲の峰
法の歌
橄欖山
愛の聲

されど人は其の間より神の祝福によりて靈鷲の峰より清朗なる法《のり》の歌を聞き、橄欖山上にひゞく愛の聲に耳を傾くる事を許されたり。

本具の神性
靈明的神性
靈界突破

今や汝等諸子はエホバの鐵槌におびやかされつゝも進みて我が靈明行道に入門し、第一輯、靈明法の修養終り、今又、第二輯も終りに近づきつゝあり。汝等の胸中には偉大なる本具の神性あり。今や靈明法の修養と靈明術の實修とに依りて其の本具の靈明的神性に覺醒《めざ》め、而して以て獅子奮迅、靈界に突破せんとす。噫それ善なる哉、善なる哉。

第二章　光の發現

肅然
光の發現
至大の啓示

斯くして今や我れ第二輯の傳授も終りぬ。余は今、肅然として聲、高々に靈明經を奉誦し汝等門弟の身體に光の發現を與へ、至大なる靈明力の啓示を得せしめん事を默禱す。

聖なる聲
天地岑寂
乾坤悠々

ああ、今、余は余の此の聖なる聲を聞きて再たび默想す。四邊は閴として天地岑寂。我れに心身無く、乾坤悠々。たゞ歌詞の聲のみ飄搖として那邊よりか來りて那邊へか流れ去る――。

眞元

余は再び天地の眞元に至純の祈《いのり》を捧げつゝ茲に靜かに筆を擱く。

靈明行道聖典第二輯

大尾

靈明行道聖典第三輯（靈明學講授秘錄）目次

第二十四卷　靈明學概論

第一章　總　論……………………………………一

萬有科學――哲學の研究――絶大の謎――天地萬有の活動――大極――死の如き靜寂――空間――漠々なる空際――エーテル――大寂靜――有と無の嘲笑――有と無の香華――靈活のオーケストラ――天文學――星學――大陽中心說――天の研究――天地創造說――印度の口碑――古生物學――地質學――三大結果――（一）地球の歴史――（二）地殼の構成――（三）自然の戯――生體の謎――物質保存――原子說――生物學――自然淘汰說――有機體創造――進化と遺傳――ヲルガニザチヲーン――發生學――細胞學――生體の靈妙――靈活無比――レーモンの言――靈明學の啓示――天地の謎語。

第二章　靈明學と靈明法と靈明術……………五

靈明法――靈明術――靈明學――三明の樹立――靈明原理――修養――應用――原理――幽遠なる靈明學。

第三章　靈明學の眞髓…………………………六

人類の歴史――活動の跡――大光明――化石學――急所と靈明學――靈明學の目的――靈明教理――靈明安心。

第二十五卷　靈明行道教理

第二十六卷　靈明行道安心

第二十七卷　靈明學と一元物活論

第一章　ギリシヤ哲學……………………一一
智的生活——哲學的思索——神治的世界觀——二大潮流——東洋哲學と西洋哲學——大古のギリシヤ——靈明學とギリシヤ哲學。

第二章　一元論物活論……………………一二
哲學の第一問題——哲學問題の對照——ミレート學派と靈明學——超自然的神秘的解釋法——根本原質。

第三章　其の理論……………………一三
原質——表徵——一元論と靈明學——一元的物活論——ターレス學派——數理哲學と靈明學——哲學者たるの營養——眞の哲學問題——萬物は水より生ず——水と靈明。

第四章　宇宙論……………………一五
宇宙論哲學と靈明學——アリストテレース——臆測——吸收作用——循環作用——アナクシマンドロス——自然について——ターレスと靈明學——永恒の實體——トアパイロン——有生物——分離現象——冷と熱——生成作用。にについて——

第五章　アナキシメネース……………………一八

第二十八卷　靈明學と數理論

第二十九卷　靈明學と汎神論

第一章　クセーファース……三六
クセノファースの哲學――哲學的詩――學理的批判。
第二章　信仰的哲理……三七
宗教的觀察――思索的宗教――汎神論――神と靈明――生と死の哲學――神と眞元的偉光――萬有神教。
第三章　世界觀……三九
神の世界――全體的統一。

第三十卷　靈明學と活動一元論

第一章　ヘラクリトス……四〇
泣哲學――斷片哲學――ヘラクリトス海盜――物活論的一元論――生成變化と靈明學――本體と現象。
第二章　流轉の哲理……四一
ヘラクリトスの靈明學的觀念――變化流轉――生滅變化の哲學――創造と破壞――生と滅との調和――活動一元論――活動一元論――爭鬪の禱り――爭ひは萬物の父にして王なり。
第三章　流動哲學……四二

第三十一卷　靈明學と實體一元論

第三十二卷　靈明學と元素論

第一章　エムペドクレス……五八
エムペドクレスの哲學――動的世界觀――靜的世界觀――混合――離合。

第二章　二　動　力……六〇
四元素――愛と憎――二力の作用――一球體。

第三章　身體と四元素構成……六一
智覺――火を以て火。

第三十三卷　閉講の神宣

第一章　靈明行道と諸哲學……六二
超哲學――超科學――超宗教――超倫理――本元的大哲學。

第二章　法と術と學……六二
法と術と學との調和――三明の偉力――靈明行道の堂奧。

靈明學講授秘錄

終了

霊明行道聖典第三輯

霊明學講授秘録

霊明行道照元　木原鬼佛講述
霊明行道本部編纂
心霊哲學會發行

第二十四巻　霊明學概論

第一章　總説

萬有科學、哲學の研究

夫れ今や萬有科學は進歩しぬ。哲學の研究は進みぬ。一切が進歩發達して皆な夫々の説明を

絶大の謎
天地萬有の活動
大極
死の如き靜寂
空間
漠々なる空際
エーテル
大寂靜
有と無の嘲笑
有と無の香華
靈活のオーケストラ
天文學
星學
太陽中心說

得たり。而も人生の問題は紛糾錯綜、今ま尙ほ其の解說を得ること能はず。最も古くして最も新しき此の絕大の謎は、嗚呼何時如何にして解決せらるるものやら。實に驚くべきは天地萬有の活動と人生の生存なり。

眼を大極に放てば勃々として旺盛極まりなき天地の、力よりも將た又た活動よりも優たるものあり。虛空ぞ卽ち夫れ、死の如き靜寂ぞ卽ち夫れ、廣大無邊の空間ぞ卽ち夫れなり。漠々たる空際より見れば炎々たる熱球も零に近く、銀河てふ全星系も兒戲に似たり、一切の現象や夫れ恰かも夢の如く脆し。光線も以て大空を測るに足らず、エーテルも之を塞ぐに足らず、有も生も以て大寂靜を破るに足らず、動も轉も能く空間の尊嚴を犯すこと能はず。大宇宙に對する最後の手段は實に是れ『絕望』の一事のみ。無は實に有を嘲笑す。有と無の香華が咲き亂れる寂靜と活動とは好絕のオーケストラを奏し、靈活なる無數の飛行星は一波瀾たるに留まり、闇と光と、冷と熱とは實に其の色彩たるに過ぎざるのみ。嗚呼、驚くべき謎は大宇宙の現象なり。

異彩爛々たる此の謎に、始めて手を着けたるは天文學、卽ち星學なりき。紀元前二千六百有余年の昔、支那に於ては日蝕を觀測し、紀元前千百年には日晷儀によつて黃道の傾斜せることを研究せり。進んで十六世紀に於てはコペルニカスの『太陽中心說』(ヘリヲツエンツリチズムス）が現はれ、次でケプレル、ガリレオ、ニユートンの如き碩學出でて玆に天文學は長足の進歩を見るに至りぬ。而かも驚ろくべき宇宙の謎は、未だ毫も解決し得ざりき。

天の研究

天地創造說

　地球及び其の成立をば科學的に研究し始めたるは、天の研究よりも遙かに後の事なりき。先づ宗敎史、及び文明史などの如き記錄に現はれたる幾多の天地創造說の中で、最も有力なりしは舊約聖書の創世紀第一卷に現はれたる摩西の創造說なり。ヘツケルの說に據れば、是れは摩

印度の口碑

西の死後（多分八百年）の編纂に成るものにして其の大部分は、アツシリア、バビロン、及び印度の口碑に由來するとの事なり。此の說は十八世紀の中葉頃までは有力なりしが、其の後、ラ

古生物學地質學

イヘル、キユビエー等の學者が輩出するに及びて化石學、或ひは古生物學の進步と地質學の發

三大結果

達を促せり。之に依つて下の如き三大結果に到着しぬ。卽ち、

（一）地球の歷史

（一）、地球の歷史より一切の奇蹟が排除せられ超自然的原因によつて山岳海地が構成さるるとの變化說は斥けられたり。

（二）地殼の構成

（二）、地殼の構成に要したる時間の觀念は甚だしく擴張されたり、卽ち第一期層、第二期層、第三期層の岩石の構成に要したる年數は實に一億年を越へた事を知れり。

（三）自然の戯

（三）、此の構成の間に封じ込められたる無數の化石は百五十年の昔に人の信じたるが如き驚ろ

くべき自然の戯にはあらずして實に地球史の古代に於て實際に生活せし有機體の化石せるものなる事を知るに至れり。

生體の謎

斯くの如く吾人が生活せる地球の來歷は餘ほど明かにせらるゝに至りたれども、尙ほ吾人生體に於ける人生の謎は未だ一指だに加へること能はざりき。

物質保存

原子說

軈て物理學と化學とは進步せり。一千七百八十九年、ラボアージエーが『物質保存』(エルハルツング、デル、マテリー)の法則を立て、ダルトンが『原子說』(アトム、テオリイ)を出し其の他ロベルトマイエル、又はヘルムホルツの諸學者が輩出して理化學の方面は大ゐに開拓されたり。

生物學

自然淘汰說
有機體創造

進化と遺傳

ヲルガニザチオーン

次に生物學の方面に於ては、星學や地質學等よりも更に夥しき分科を生じて發見に次ぐに發見を以てし、吾人の世界觀をば智識の分量上と性質上に於て甚だしき豐富にならしめたり。殊にチャールス、ダルウヰンは『自然淘汰說』を出して『有機體創造』の大謎語を解き、無數の形相は漸次の變化によつて自然に生成せるものなりと說けり。尤も之れより五十年前(一八〇九年)既にラマークは生體の進化を以て遺傳と順應の相互作用に依る事を說けり。然れども其の淘汰の原理に至りては毫も之を知ること能はざりき。然のみならず『機制』(オルガニザチオーン)の

發生學
細胞學

本質に關しては遼遠なる洞察を缺けり、是れ發生學や細胞學はラマーク以後に於て始めて確立せしを以てなり。

生體の靈妙
靈活無比
レーモンの言

思ふて玆に至る、宇宙の不可解なる、生活體の靈妙なる、殆んど靈活無比にして學ぶに從つて益々興味の津々として盡きざるものあり。レーモンも彼の有名なる大詩に於て、詠へる如く、我等は濫りに天地の不可解を叫ばず、又敢へて淺薄なる哲學と科學に訴へて解釋せんとは試みず。幽玄なる靈明學の直覺的啓示に依りて玆に天地の謎語を解かんとはするなり。

靈明學の啓示
天地の謎語

第二章　靈明學と靈明法と靈明術

靈明法
靈明術
靈明學

靈明行道は『靈明法』と『靈明術』と『靈明學』との三部門より構成せらる。今ま靈明法と靈明學とを比較せんに、靈明法は靈明術を體得せんとする者が修すべき基礎的の心身調練法なり、而して靈明學は、靈明法と靈明術とが樹立せらるべき原理大綱なり。又、靈明術は靈明法によりて調練せる心身より靈明行道獨特の靈能奇蹟を發現すべき一種の法術なり。

三明の樹立
靈明原理

修養
應用
原理

卽ち之を換言すれば靈明法は『修養』、靈明術は『應用』、靈明學は其の『原理』なりと云ふ事を得べし。

幽遠なる靈明學

諸子は先づ最初第一に靈明法を修し、次で第二に靈明術を傳授せられ、而して今や玆に靈明學をば講ぜられんとす。法より術を得て更らに學を究む。よろしく先入主的の偏見をば一切棄て去りて此の幽遠なる靈明學の奥義を學ばざるべからず。

第三章　靈明學の眞髓

人類の歷史

活動の跡

大光明

抑々、人類の歷史が創まりてより今日、既に數千年の數を重ねたり。宇宙の森羅萬象は其の變態實に極まりなく、國興り國亡び、人生れ人死す。人間の活動せし跡は卽ち現今の世界歷史なり、其の波瀾多き歷史の中に赫々として獨り一大光明を放てるは是れぞ卽ち人文の進歩にあらずや。

化石學

地質學者は大なる苦心を重ねて地球の年代をば知らん事を企てたり。人類學、考古學、化石學の方面よりも種々なる研究を企てられにき。凡そ幾萬年の昔に我れら人類が此の地球上に現はれたりやとの質問に就ては現今まで幾多の臆說が唱へられたり。

急所と靈明學

靈明學の目的

靈明教理

其他あらゆる學術は各々皆な宇宙の根元、人生の祕密を探らんと焦せれども其の急所に觸るる能はざりき。最後に現はれたる靈明學は實に此の祕密を發《あば》けり。之れを要するに靈明學の眞髓は宇宙の探求（即ち靈明教理）と人生の要路（即ち靈明安心）とを說くにあり。

第二十五卷　靈明行道教理

第一章　眞元

眞元の意義

宇宙の本體
四大

空
極微
阿賴耶識
眞如

色界
眞元と四佛
如來

そも宇宙の本體何ぞ。佛教の如きは其の根本々體とする所の『四大』、『空』、『極微』、『阿賴耶識』、『眞如』の如きは一體平等にして主宰神なきものに屬す。宇宙根本としての統一主宰の力なきものなり。かるが故に其の人生に現はれては又、亦、主宰統一の中心點に重きを置かざるを以て、印度民族の人心は常に分裂し、其の國家の興廢常なきと共に、一天四海大統一の行なはるることなかりし所以なり。阿賴耶識より、眞如より、空より、現はれたる色界、十界には毘留遮那佛の如き、大日如來の如き或は西方の阿彌陀如來の如き、南方琉璃光如來の如き、主宰統一の佛な

眞元と宗教本尊

眞元と西洋哲學

靈明行道の本體論

眞元の定義

眞元の性狀

きに非ずと雖も、其の根底に於ては一體平等なるが故に、佛教に於ける統一力としては、誠に夢の如く幻の如く薄弱なるものなり。其の大乘佛教としても究竟すれば法身如來に歸し、其の實性、實質、實在としての說明は均しく平等一圓にして、水の如く健實なる主宰統一の力を求むることは甚だ困難に屬す。其他、儒教、キリスト教、神道、乃至西洋哲學の本體論みな然り。

我が靈明行道の本體論としては『眞元』を說く。眞元とは實に『宇宙の眞一なる本元』の義なり。其の性狀等に就ては、よろしく第一輯を參照すべし。

第二章　靈　明

靈明の意義

靈明と眞元

活物現象

夫れ靈明とは眞元より發露せる宇宙の統宰的、活物現象なり、其の性狀は實に眞元と其の約を一にす。

第三章　眞元靈明一元論

眞一的本元

眞元は宇宙の眞一的本元なり、而して靈明は其の活物的現象なり。本

本體と現象

體なくんば現象なく、

靈明と眞元との二面的關係二而不二

現象ある源には必ずや本體なくんば非ず。眞元こ靈明こは實に紙の表裏の如し、表なくんば裏なく、裏なくんば表なし、表裏は二にして一如なり、夫れ眞元こ靈明こに於ける又た斯くの如きなり。

第四章　宇宙眞元論

眞元の展開

宇宙の本體は實に眞元なり、而して宇宙そのものも又た眞元なり、宇

宇宙の本體

宙とは吾人の眼前に展開されつゝある森羅たる現象なり、其の現象世界

靈明の發露 眞元と宇宙 眞元の活力

は實に靈明の發露なり、故に宇宙そのものは眞元なり。即ち宇宙の本元も、又た宇宙そのものも共に眞元なりと云ふを得べし。眞元の活力や其れ驚ろくべき哉。

第二十六卷　靈明行道安心

第一章　眞元放射

眞元の閃光的流出 片假名眞元文字

眞元は宇宙間の有らゆる事物の本源なり。今ま、此の本元より閃光的の流出るもの即ち片假名なり。實に日本の片假名こそは是れ尊とき『眞元文字』なり。

元一的眞元 眞元の具象化

即して眞元文字の元一的眞元は之を俱象的に記示すれば左の如し、

眞元放射の圖

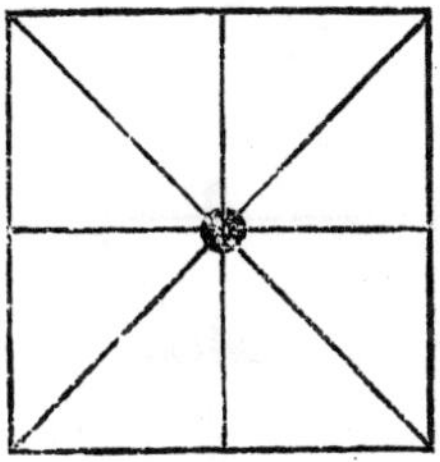

眞元放射作用と眞元文字

之を『眞元放射』と名づく。此の眞元放射より眞元文字が生れたるものなり。

第二章　眞元文字

眞元文字とは何ぞ眞元文字の構成

然らば其の眞元文字は如何にして眞元放射より構成されたりや、左に之を圖示せん。

眞元文字の圖

ア行眞元　カ行眞元　サ行眞元　タ行眞元　ナ行眞元

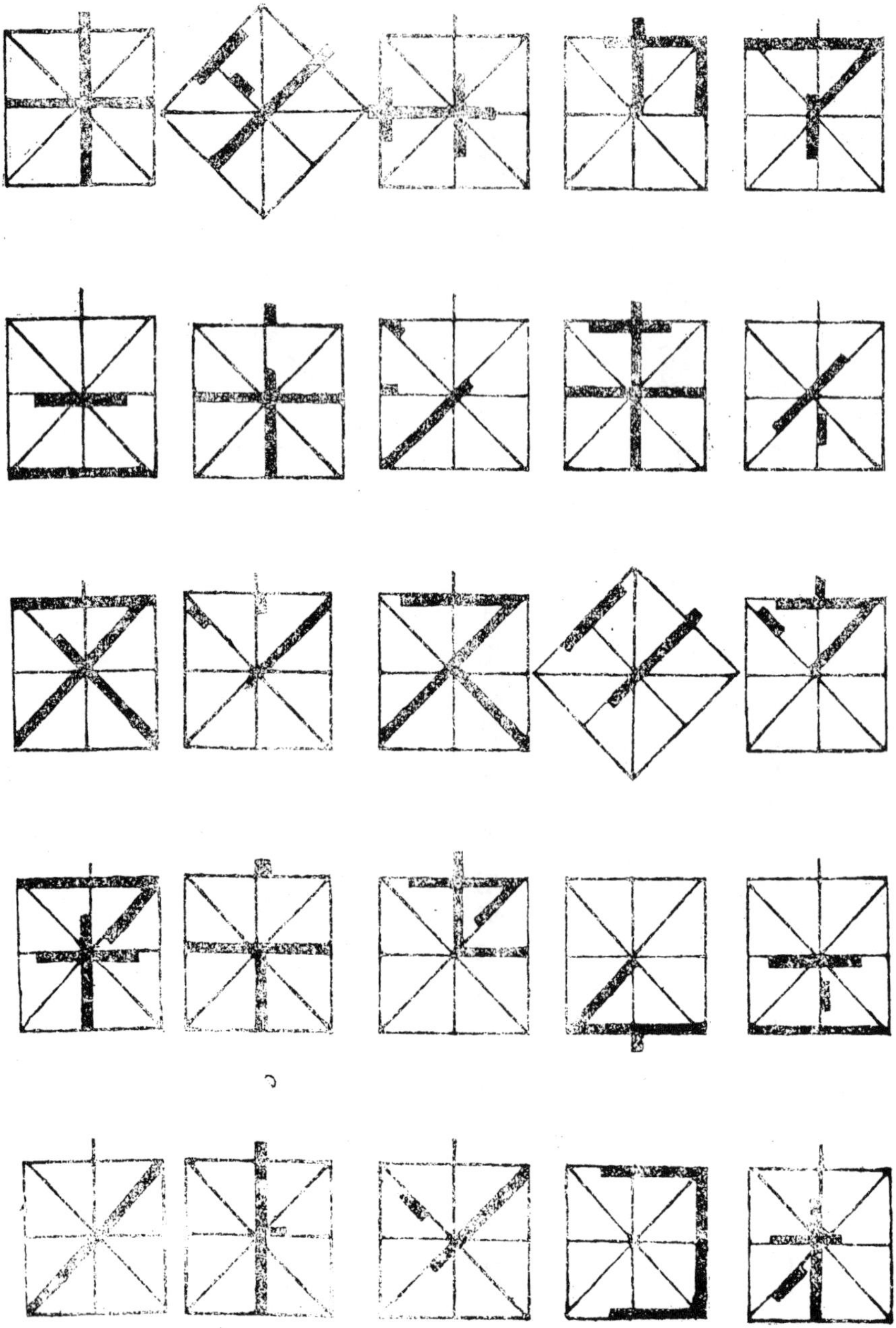

ハ行眞元

マ行眞元

ヤ行眞元

ラ行眞元

ワ行眞元

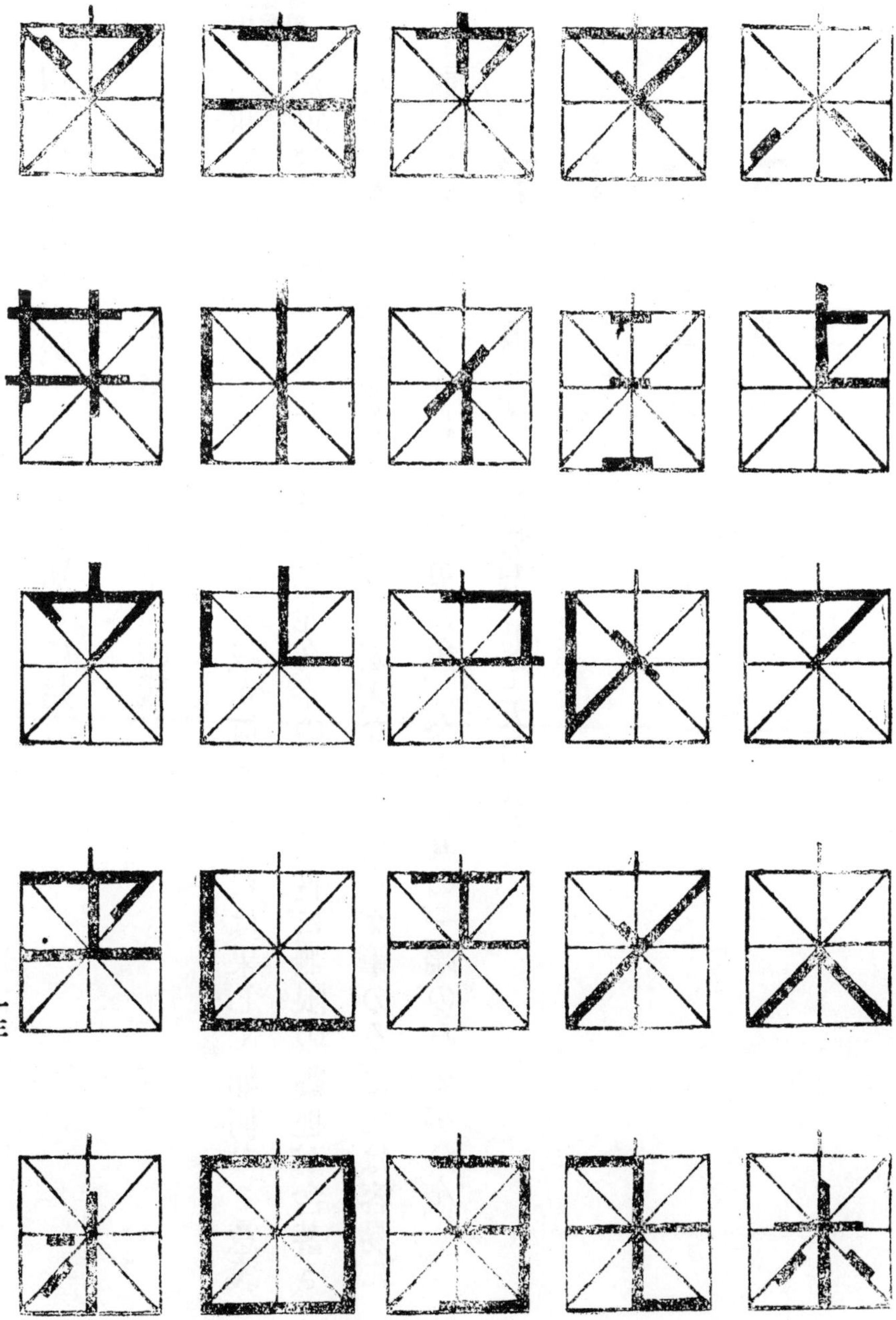

以て其の構造の嚴そかなるを知るに足らん。

第三章　眞元文字の靈義

眞元文字中に包含されたる大靈義無限の靈趣

斯くの如くにして構成されたる我が眞元文字には果して如何なる意義が包含され居るか、其の各の眞元文字の中には實に無限の靈趣が含蓄されをるなり。其の靈義や、餘りに宏大なるが故に文筆のみにては容易に說き得る所にあらざれども、兎に角、今左に其の一端のみを示さん。

ア眞元

ア　是れ眞元文字の總名にして天の義なり。

イ眞元

イ　是れ命の義なり。

ウ眞元

ウ　是れ動の義なり。

エ眞元

エ　是れ地の義なり。

オ眞元
カ眞元
キ眞元
ク眞元
ケ眞元
コ眞元
サ眞元
シ眞元
ス眞元

オ 是れ高の義なり。

カ 是れ大の義なり。

キ 是れ正の義なり。

ク 是れ氣の義なり。

ケ 是れ上の義なり。

コ 是れ凝の義なり。

サ 是れ小の義なり。

シ 是れ進の義なり。

ス 是れ直の義なり。

セ眞元

セ

是れ一の義なり。

ソ眞元

ソ

是れ中の義なり。

タ眞元

タ

是れ太の義なり。

チ眞元

チ

是れ火の義なり。

ツ眞元

ツ

是れ水の義なり。

テ眞元

テ

是れ風の義なり。

ト眞元

ト

是れ止の義なり。

ナ眞元

ナ

是れ無の義なり。

ニ眞元

ニ

是れ日の義なり。

ヌ眞元

ヌ　是れ月の義なり。

ネ眞元

ネ　是れ空の義なり。

ノ眞元

ノ　是れ全の義なり。

ハ眞元

ハ　是れ眞の義なり。

ヒ眞元

ヒ　是れ出の義なり。

フ眞元

フ　是れ吹の義なり。

ヘ眞元

ヘ　是れ經の義なり。

ホ眞元

ホ　是れ母の義なり。

マ眞元

マ　是れ向の義なり。

ミ眞元
ム眞元
メ眞元
モ眞元
ヤ眞元
イ眞元
ユ眞元
エ眞元
ヨ眞元

ミ 是れ貴の義なり。

ム 是れ結の義なり。

メ 是れ白の義なり。

モ 是れ赤の義なり。

ヤ 是れ和の義なり。

イ 是れ命の義なり。

ユ 是れ流の義なり。

エ 是れ元の義なり。

ヨ 是れ契の義なり。

ラ眞元
リ眞元
ル眞元
レ眞元
ロ眞元
ワ眞元
ヰ眞元
ウ眞元
ヱ眞元

ラ 是れ降の義なり。

リ 是れ實の義なり。

ル 是れ如の義なり。

レ 是れ澄の義なり。

ロ 是れ圓の義なり。

ワ 是れ萬の義なり。

ヰ 是れ陽の義なり。

ウ 是れ深の義なり。

ヱ 是れ惠の義なり。

ヲ眞元

ヲ　是れ流の義なり。

ン眞元

ン　是れ眞元文字の終結にして、虚の義なり。

第四章　靈明經の靈義

雄大なる靈明經

靈明經の眞元文字無限の大靈義

諸子は第一輯に於て靈明經を學べり、斯の雄大なる靈明經の全文は實に此の眞元文字より出てたるなり、其所に無限の大靈義が包含されあるなり。今此の靈明經をば眞元文字の靈義に照して其の全文の一部分の靈義を掲ぐれば左の如し。

天天天天天降虚々々進火實和無大虚々々水如一契大降|虚

天天天天天。降虚降虚。進火實和無。大降、
大虚大虚、水如一契大。降―虚、降―虚、太
氣契―實……………………………云々

霊明經の奉讀

以て如何に其の幽幻なるかを知るに足らん。靈明經の奉讀こそは實に是れ我が靈明行道に進むべき者の大安心なり。教理と安心と一致して、そこに始めて靈明たる美の殿堂に登ることを得んか。

靈明行道の教理と安心

第二十七卷　靈明學と一元物活論

第一章　ギリシヤ哲學

智的生活
哲學的思索
神話的世界觀

太古の知的生活たるや哲學的思索に乏しく、日常生活より想像して得たる所の一種の神話的世界觀の範圍を脱せざりき。今、試みに世界に於ける思想の發達を眺むるに、政治に於けると同じく之を東西の二大潮流に分つことを得るものなり。卽ち一は東洋哲學にして印度及び支那に起りし所のもの、他の一は西洋哲學にして古代ギリシアに其の源を發し歐洲諸國に發達せし所のもの之れなり。

二大潮流
東洋哲學と西洋哲學

大古のギリシヤ

古代に於けるギリシヤの思想は實に今日の如き精緻なる西洋思想の淵源たるのみならず、其の思想が包含せる一切の問題及び解釋は既に其の萠芽を此所に有したりしなり。

靈明學とギリシャ哲學

今ま此の遠大なるギリシャ思想をば本卷及び以下數卷に渉りて研究し、以て最後に我が靈明學と比較し且つ其れが兩者の關係を論ぜんと欲す。『己れを知らんとせば先づ他人を知らざるべからず』と云ふ事あり、諸子たるものは、西洋哲學なりと一概に之を棄て去らずして講ぜらるが儘《まゝ》に之を充分、攻究せざる可らず。

第二章　一元的物活論

哲學の第一問題

哲學問題の對照

ミレート學派と靈明學

希臘哲學の提出したる最初の問題は實體の問題にしてこは哲學の第一の問題として現はれるに至り二千五百年後の今日に於いても等しく哲學問題の對象として取扱はるゝに至り猶ほ今後もいつまでも問題の中心を存して吾人に臨むところのこの重大な問題を以て現はれ出たのである。而してこの問題の提出は卽ちミレート學派に於てゞあり、この學派は當時隆盛をきはめたる小亞細亞の海岸にある希臘植民地であるイオニヤの一市府ミレートワに於て、紀元前六百年頃に實現した。

超自然的神祕的解釋法

この學派が哲學の眞の第一步を踏み固めたと云ふは、それが全く自然界を說明するに當つて毫も超自然的神祕的解釋說明法によらずして經驗的實際に訴へて自然的原因によりて、實體問題卽ち世界の本質を說かんとしたる事にありて、卽ちこゝに至りて始めて思索的衝動は正當に論述さるゝに至つたと云ふべきである。

根本原質

この學派は世界を構成せる根本、原質をば以て水及空氣とか、無際限なる資料と云ふが如き日常經驗によりて納得する事が出來る範圍に於て、これを求めんとし彼等はそは吾人の直接に智覺し得る、卽ち感覺によつて示さるゝ可きものとして思惟してゐた。

第三章　其の理論

而して彼等の以て原質となしたるところのものは、次に論述する如く、その人によつては相違し居るも、要するに、一にして、よく種々なる相に變化し得るところのものでなければならん。

原質

換言するなれば、その原質なるものは、その根本に於て唯一なるものであるが、それが變化した相が卽ち吾人の目擊する森羅萬象である、而してその變化は他の存在者の支配を受ける如く、それ自ら變化し得る所のものでなければならん。もし他の存在者があつても、等しく一なる原質の變化したるところの表徵に過ぎない。かくの如く世界の根源は唯一的のものとして見

表徵

一元論と靈明學
一元的物活論

る思想は明らかに一元論的である。又事物が活力を有して居るとすれば、即ち物活論的である、故にミレート學派の答へんとしたころは即ち一元的物活説と云ふ可きである、今この學派に屬する人々の説について述べんとする。

ターレス學派
數理哲學と靈明學

ターレス（紀元前五二四—五五〇年頃）はミレートス市に生れ、政治家、數學家、天文學者として有名である。殊に彼は希臘、七賢人の一人として數へられて居る。彼の經歷及び學説につきて古來種々の傳説があるけれども、此れ等多くは信じ難きものばかりで。たゞ彼が埃及を歷遊して、その地の僧侶から數學上の知識、殊に幾何學を傳へたといふことは實に一般によく知られ居るところである。又彼が紀元前五百八十五年五月二十八日の日蝕を豫知してゐたといふことも有名なることにて、以上の多くの名譽を有する彼よりも、吾人にとつては更らに一層重要なる一事がある。即ち彼が第一に眞の意味に於ける哲學の問題を提出せしこと、換言するなれば最初の哲學者たるの榮譽を彼に於て見出したことである。

哲學者たるの榮譽
眞の哲學問題

ターレスは先づ第一に眞の意味に於ける哲學の問題を掲げ、而してこれに答へたのである。即ち彼は世界の根本實體は何ぞといふ問題に對して、何等超自然的神祕的説明によることなく、純然たる經驗的事實を以て、これに答へたのである。彼は世界の根本的原質を以て、水であるをなし。即ち萬物は水より出來上がるといふ事であつた。

第四章　宇宙論

さて水が萬物となるといふにはこゝに多くの説明が必要である。タ一レスはこれに對して如何なる見解を有してゐたか又これに付いて吾人は今日何等確かなる歷史的事實も熟知し得られない。思ふに恐らく彼自身に於ては、未だ明白なる意見を有つて居らなかつた樣であつた。けれども吾人は彼が水を以て世界の原質となしたその事について、ある程度の想像をなす事は誠に困難なる事では決してない。アリストテレースもこれについて、説明をなし居るも、やはり一の臆測に過ぎず。今吾人は水の性質より考へて見るに水は最も變化し易いといふこと、即ち或ひは蒸氣と變じて、天に昇りては雲と成り、或ひは雨雪と降つて大地に入り、或ひは流れて、泉となり河となり、果ては大海の水となる。或ひは又植物に吸收され。動物體に入る。かくの如く水は常に天地萬象の間を循環し、一物として水氣のないものは決してない、又水は氣液固の三體をなしてをる。又當時一般に大地は水上に浮べるものといふ考へを抱いて居つたのである。

萬物は水より生ず　水と靈明

宇宙論哲學と靈明學

アリストテレース　臆測

吸收作用　循環作用

これらの事柄によつて考察するに、彼が萬物は水より出でゝ水に歸るとなしたるは、敢へて不思議となすに足らざるのである。

アナクシマンドロス

アナクシマンドロス(紀元前六一一年—五四七年)はミレートスに生れ、ターレスの徒にして天文學及び地理學に優り、始めて地體圖の如きものを製したといふことである。今日僅かにその斷片を殘すに止まるが、彼には、「自然に就いて」といふ著書がある。これは希臘最初の哲學書にして、實に最初の希臘語の散文なりき。

自然について

ターレスと竄明學

ターレスが思つてゐたるが如く、この千差萬別の世界は果して、單なる水といふ一の限られたる性質を有して居る原質が變じて成れる表現であると考へられることが出來るものなるや、もし水にありて、限りなき性質を有するものであるとなすならば、萬物は種々雜多なる形態をなさずして、悉く水といふ一の形態になつてしまうのではないのであらうか然らば萬物の本源は何か。斯く限られたる性質に於てないところのものは何か。これに答へたるものはアナクシマンドロスの說なり。彼は萬物の本源たるものは、際限なき永恒普遍の實體でなければならないとせしも、これを無際限卽ちト●アバイロンなりと呼びぬ。

永恒の實體

こは無際限であるからして、よく一切の事物生而かも決して盡きることはない。又こは何物とも限られない故に、よく何れの事物ともなり得るなり。さればト・アバイロンは時としては在らざるなく、所としては存せざるなき無限無邊のものである。從つて萬物はこれより出でゝこれに還る。斯く考量するなれば、こは全然抽象的なるものゝやうに思はるゝなれども、實際に於て彼はかく考へてゐたのではなかつた樣である。こは全然抽象的なるものゝやうに思はるゝけれども實際に於て彼はかく考へてゐたのでもなかつたらしい。彼の考へに依ればこのト・アバイロンなるものは、たゞ量及び性質に於て、限りなく空間に充滿せる有生物を意味してゐたらしい。

ト・アバイロン 有生物

而してこの無際限なるト・アバイロンは絶えず運動し變化して、萬物となり、萬物は又その原質なるト・アバイロンに歸るのである。さてその運動變化の過程について、彼は説明をなして居る。卽ちその分離の現象である。さてト・アバイロンより分離して出でるところのものは、互に相反せるものなる熱と冷及び乾と濕との氣でありて、森羅萬象はこの相反對せる一方が他方に作用して生せるなり。卽ち熱にして乾なるものが、冷にして濕なるものに働くものであつて、彼はこの反對なるものゝ分離によりて審の生成を種々說いてゐる。

分離現象 冷と熱 生成作用

第五章　アナキシメネース

アナキシメネースの哲學

アナキシメネース(紀元前五八八年—五二四年)も亦ミレートス人にして、アナキシマンドロスの弟子であつたと云はれてゐる。彼の著書として、今日その一小斷片を存在してゐる。

世界の原質

アナキシマンドロスによつて世界の原質は無際限であるとして、感覺上の事實以上のものに求められたることは、哲學上に於ける一の進歩を確かに示してゐるものといふべきである。

抽象哲學

けれども當時の思想狀態に於ては、かゝる抽象的のものに至つては、未だこれを了解するに困難なるところが多々あつた、と云つて、一度進んだものをば逆に再び、ターレスの所謂水といふ如き純感覺的のものに還ることが出來ようか。

感覺哲學

こゝに於てアナキシメネースはこの難點を避けるがために感覺的にして、然かもアナキシマンドロスの求めんとしたる無際限であり得るものを以て、世界の原質となさんとせしも、而して彼は實にこれを空氣(又は氣息)に於ひて見出したのである。

空氣の哲學

空氣は感覺によつて、容易にこれを知り得るが、水の如く限られたる形體を有するものでなくして常に定まらざるものであつて、又際限のないところのものである。

而かも生物は空氣を呼吸することによつて、その生命を保つて居る。故に空氣は生命の根源であり、生物は空氣によつて保たれてゐる、同樣に宇宙も空氣に依つて保たれてゐると見らるゝ。さて宇宙は空氣を以て原質となし、全世界は空氣によつて圍繞されて居る、されば空氣はそれ自身に生命を有し、限りなく空間に展開して居るのである。

さらにアナキシメネースは萬物の生成を以て、空氣の活動にありとなして居るけれども、空氣の窮りなき運動によつて空氣に濃厚と稀薄とを生ずる。而して稀薄なるものは火となつて、更らに天體を生じ濃厚なるものは風水地と順次に變化して、一切の事物を生ぜしめるのである。

第二十八卷　靈明學と數理論

第一章　ピタゴラス

紀元前第七世紀より第六世紀に於ける希臘の社會の動搖にともない、宗敎運動の方面に於ても同じく因襲に對する革命運動が起つて來た、而してこの革命運動は夥多の團體に分れ、何れも一種の講社又は敎會のやうなものを組織なして、一定の禮拜儀式を行ひ、これによつて宗敎

ピタゴラス哲學

的信仰心を起し、以て風教の振作に勉めた。さてこれよりの宗教的運動の中に於ては、當時最も重要な位置を占め、且つ希臘思想界にとつては價値ある痕跡を留め得たるものは、實にピタゴラス及びその盟社であつた。而してその希臘哲學の上に看過すべからざる位置を占むるに至つた所以は、そが宗教運動にのみ止まらずして所謂ピタゴラス派の哲學、即ちその中心思想たる數理論の創設にである。

數理論哲學

詩歌哲學

　ピタゴラスの生涯についても様々の傳説的なるものが存在して居る。或ひは詩歌音樂の神なるアポローンの子であるとか、或ひは黄金の脛をもつて居つたとか、こんなことはそれらの傳説中の甚だしいものであるが、これらは希臘末期に起つた所の新ピタゴラス派の人々の間に揑造されたる話に過ぎない。今日彼について、事實として、認められることを次に大略述べん。彼はムネサルコスの子であつて、紀元前五百七八十年の頃、サモス島に生れ同五二九年頃南イタリーの希臘植民地なるクルトーレに移住し、こゝに於て倫理的宗教的の一盟社を結べり。この盟社はこの地に於て大いなるその勢力を張りしが、當時反對派のために迫害せられ其居をメタポンテイオンに移し、紀元前五〇〇年に死した。その後に於ても彼の盟社は依然として反對派に窘迫せられ、遂ひに盟社は殆んど撲滅の悲運に遭ひ、僅かにその一部の希臘に逃れ來れるものがあ

倫理哲學

メタポンテイオン

つたに止まつた。

第二章　宗教的哲學

信仰哲學

ピタゴラスの盟社は宛かも一家族の如くにその食をば共にし、その衣を同じうし、又等しく音樂醫術數學を修めた、而して又彼等の中心となるところのものは、宗教的信仰心である。人々はこの地上の生活の間に於ける行爲によつて、未來に於ける靈魂の運命が卜せらるゝといふ考へをば彼等は思つて居つたのであつた。

靈魂の調節

それ故に彼等は一つの戒律をば嚴守し、已に克ち、情欲をば强壓し、以て靈魂の調節に努力を成した。斯樣にピタゴラス盟社は道德的宗教的に、精神修養を事となしたれども、又他方に於て彼等は政治的運動にも關聯して居つた。

而してその政治的運動は其當時に於ける社會に、容易ならざる所の權勢を振つて居つたが、それに連れても學者間に種々雜多なる異見をば見出す事を得たれど、恐らく貴族主義に贊意を所持して居つた樣に思はれることが出來る。

それがため當時勃興せし民主的思潮と衝突なして、こゝに劇烈なる軋轢を現出せしめ、前に述べし如き遭難が生じたのである。ピタゴラス派の哲學はピタゴラスそれ自身に依りて完成せしものでもなく、寧ろ學派に於て發達せしもの丶如く推察せられる。たゞピタゴラスの輪廻説として確かと思はれる處の一點に、輪廻轉生の説を見る事が出來る。

獨創の哲學

これと云ひても彼の獨創なりといふ事は全然嚴定し得られない。已に彼より溯流して昔に於ては、希臘人の間には、多少ながらにも行はれたる思想であつたのである。たゞ彼はこの輪廻轉生の説と善惡應報の説とを相關聯せしめて、而して宗敎的敎義の一要素となしたる樣に思はる丶のである。

第三章　ミレートス學派

ミレートス學派の哲學

ミレートス學派の哲學者達は世界的根本原理を以て、具體的なる實體に於て見出さんとせり。然るにこ丶にピタゴラス學派に於ては、それに對する注意は全く其の實體そのものに於けるよりも、その實體に於ける形式又は關係の上に於て注がれたのであつた。

實在的根本原理

換言せば彼等は全く實在的根本原理を質的關係上に於て發見せずして、量的關係に於て見出さんとしたのである。世界に於ける秩序調和の問題が哲學上の一つの問題となりて、始めてこ丶に人々の興味を惹起せしめる樣になたるは、ピタゴラス學派を以て全く嚆矢なりとせしなり。而して彼等は自分自身達が數學者でありしだけに、數字上に於て、これを確得せんとしたのである。

哲學の調和

抑も世界上に於ける秩序調和をば數の上に於て、說明せんと成せしことについては、吾人は次の如き事實を、ピタゴラス學派に此れを見出するのである。卽ちこの學派はその宗敎的信仰

靈魂調和

によれる靈魂調和のために、精神の安靜を保つ方法として、音樂を修得した。而して音樂上に於ける處の音の高低は樂器そのものの絃の長短に關聯して居るのであつて、從つて音の調子

數的關係

は數的關係にありて、彼等はこの事實をば發見したのである。かゝる故に現象界の裡面に存する實在的根本原理はこの數である。さすれば數が若しなかつたとするなれば、世界に於ける事物の形式は全然ないと謂はねばならん。形式がなかつたならば、從つて、一切の宇宙間の事物

數の表徵

と謂ふ可きものは、存在しないといふ事になる。因つて一切事物は、凡べて數の表徵に過ぎざる處のものなり。こゝに於て彼等は更らにその論法を一歩進めて、斯く數が事物上の根本的原理なる以上は、數について眞實なると思はれるゝものは、又事物上に於ても眞實であらなければならないと謂ふ見地より、數の特性を以て、これを宇宙の解決までに及ぼした。

第四章　數の理論

奇數と偶數

有限

然れども數には奇數と偶數との二種がありて、而して奇數は二分し得られないけれども、偶數は二分し得らるゝ。故に奇數は有限的のものであるなれども、偶數は無限的のものである。斯く奇數と偶數卽ち有限と無限とが數の性質である以上、又實在的根本原理である。而してこの各々は夫々各個に相反發するものである。然かれば世界もその根本に於て、數の調節の上にある點よりして、世界が互に相反發するによつて、調節なされて居ると推定せらるゝのである。こゝに於て彼等は十個の相反對せる處のものを列擧して、これをば世界的の本質となして居る。卽ち有限と無限、奇數と偶數、一と多、右と左、男性と女性、靜と動、直と曲、明と暗、善と惡、方形と短形、これなり。

世界的本質

靜と動

一、二、三、四

世界の形體

一點
二線
三面
四體

又この學派に於ては、一から十までの數に重きを置いて見れども、就中一、二、三、四、を貴んだ。それはこれらの四までの數をば合するなれば十になるからである。更らに彼等は世界の形體あるもの形體のなきものゝ何れに於ても、この數字的關係を適合せしめんとする。卽ち點を一、線を二、平面を三、立體を四の數であるとなせり。その解釋としては點なるものは分離出來ざる唯一的のものである。線は二個の點に依つて結ばれしもの、平面は三點を連絡することによつて成り(三角形)、立體は四點を結び合致することより成るなり(三角形)、斯く一より四までの數を合して完全なる數、卽ち十となるが如く、點、線、面、體の四種より形體を有するものは成立するのである。これによつて見るなれば線、平面、立體は勿論、一切の事物は點より成るといひ得られる。こゝに彼等はこの點を呼んで「數の本」、又は「數の父」と。彼等はかくの如く一より四までの數を以て形體の數となしたれども、一層五は形體の有する性質の數にして、六は生氣の數、七は健康理解の數、八は仁愛、友誼、智慧、發明の數、九は正義の數十は宇宙の調和を保つ數てあるとして、これに各々意義を附加せしめんとせり。されどもそれはあまりに、牽强附會に過ぎざりき。彼等はこれより天文の說を作り出せしが。こは天文學上、一大進步をなせしものなるも、これを論述することは止めるが。要するに彼等はこれをも數的に見たることは當然なるものと推量せられるのである。

第二十九卷　靈明學と汎神論

第一章　クセノフアネース

クセノフアネースの哲學

クセノフアネース（紀元前五七〇年頃―四五〇年頃）はコロフオーンに生れ、年二十五にして故鄕を出でゝ他鄕に生活することになり、道德的宗敎的詩を吟じつゝ、四方を徘徊することゝに六十七年、遂ひに南イタリーの地に至り、こゝにて客死をなした。彼は吟遊詩人であつたのみではなく、又哲學者でもあり、宗敎家でもあつた。彼の吟遊して居りし時代の哲學的詩の

哲學的詩

中の斷片が今日猶ほ現存して居る。それが如何なる思想的運動であらうが、もしかゝる處の運動が惹起したときには、思想家の中に於て、或ひは實際的方面に於て活動をなすものと、或ひは學理的方面に於ける批判を試みるものとのあるは、當然の勢ひである。而して希臘に於て宗敎的運動の起こりし其折に於て、ピタゴラス及びその學派の運動は實に實際上、宗敎の復興改

哲理的批評

善を主眼とせしものであつた。これに反して通俗なる宗敎の上に學理的批評を加へたるものは、實にクセノフアネース學派であつた。

第二章　信仰的哲理

宗教的觀察

クセノフアネースの宗教的觀察は通俗の宗教思想、即ち當時に於ける俗間に、信仰なされたところのものゝ、及び從來の詩人の多くによりて、謳はれて居たものは、大いにその種を全く異に成して居つた。彼は俗間の宗教思想に對して、鋭い批判の鋒先を向けた。

思索的宗教

彼の希臘の哲學上に於て、實際上の價値を表現せしものは哲學者のみであつたといふのではなく、思索的宗教家であつたことにあるのである。彼の取扱つた問題の主なるものは即ち汎

汎神論

神論的宗教上觀察に依つたのである。彼は、ホメーロスやヘージオドス等が神々の喧嘩、口論又は詐欺、竊盜をなすことを書いて居る。即ち宛かも人間がなすが如き行動を成すことをば、嘲笑して、「人間は神を宛かも自分等の如く出生し、又自分等の如く知覺や音聲や形體を有すると思つて居る」「もし牛や獅子が人間の如き手を有して繪を書き、器を造くる事が若し出來得るとするならば、馬は馬の如く、その神の形を描くであらう」と又彼は、

「エテイオピヤ人はその神を色黑く鼻低く、トラケー人はその神を碧眼赤髯であると思ふ」と云つてゐる。彼は如斯き口吻を有して、神人同形の多神教をば駁撃をしてをつたのである。

然らは彼の神と云ふは結局如何なるものをば意味せしとせんか、彼はこれに答へて、「人と神との中にて最も大なるもの、唯一の神があるのみこれは形に於ても、思惟に於ても、死すべき人間に依てゐない」。「彼はすべてのものを觀、すべてのものを想ひ、すべてのものを聞く」、「神は勞することなくして、その心の想ひを以て、凡べてのものを支配する」、「彼は常に同じ場所に止まり、少しも動くことをなさない。今は此處、今は彼處と、その所を移すことは彼に相應しくない」と。斯くの如くクセノファネースは神より、從來の擬人的形容より此れを取り除かんと努力をして居た。

從つて彼の云はんとせし神は、人間とは全然離れて類似せる點を見出さんするのでもなく、いや其人間より遙かに超越せしもの、卽ち生及び死といふ事は絕對になく、而して唯一なるものにして常住不變なる實在をば意味するものである。こゝに於て彼の思想は實に明かなる唯一神敎をとなへて居つた。

然かれども今少し彼等の宗敎的觀察點を探究するに、そは實に單なる唯一の神敎に過ぎない。彼等の所謂神といふものは唯一なるものである。さりながらそれは始めもなければ又終りと云ふものも認められない。凡べてに於て行はれるのではなくして、到る所に存在せざるはないの

で、之を換言するなれば神と云ふ以外は何物も其處に存在をなし居らないのである。（神と眞元的偉光）

この狀態より見るなれば神は世界の天地以外にありて、世界をば創造なす唯一的の神といふのでもない。故に從つて世界と神と云ふものを見るに卽ち一體といふていた。

故に神卽ち世界と解釋せられるのである。こゝに始めて彼の唯一神敎は寧ろ萬有神敎ともいふべきものであつて。卽ち彼の宗敎上の觀察點は所謂汎神論にあつたのである。（萬有神敎）

第三章　世界觀

而してこの汎神論をば哲學上より觀察するなれば、それは宇宙論の問題的に世界の根本原理は卽ち神と云ふ事に歸因して居るのである。

神卽ち世界といふことは神が萬物であると同時に萬物も所謂神であると云ふべきであつて。卽ち「一にして一切」てある。この「一にして一切」と云ふ事は實に彼の哲學的の根本思想と云ふ可きで。世界が「一にして一切」ならば、世界は全體に於て全然に、常に同一であらねばならんのである。故にこれより見るなれば、何等の運動的變化といふものは存在せない、常住不變なるものである。吾人が世界上に於ける運動變化の存在せる樣に觀るのは、これ實に部分的（神の世界）（全體的統一）

にあるに過ぎざるのである。

第三十卷　靈明學と活動一元論

第一章　ヘラクライトス

泣哲學者

斷片哲學

ヘラクライトス海澁

物活論的一元論

ヘーラクライトス(紀元前五三五―四七五年)はエフエソスの貴族の家に誕生なし。性來自ら信なること厚く、世間の俗人等を眼下に睥睨し、世の碩學者達でも痛罵せずには措かなかつた。然れどもその反面は非常に厭世的傾向をば持つて居つた。故に泣哲學者《ウイーピングフイローアー》の名を得て居つたのである。彼は一書を物したれども、現在に於て唯斷片的ある語句を殘存し居るのみであつて、その文辭は實に簡にして、思想に於ては深淵であるよりも、その意見を解するに誠に困難である。それ故にヌヘーラクライトス晦澁《ヒ、オブスクユアー》の名を有して居る。

ミレートス學派は世界上の原質を一物素なるものとし見出し、その物素の變化を以て自性のものと見た。この意味の上に於て、物活論的一元論といふのである。然るに彼等に於ては、世界上の原始なるものは如何なるものぞといふに止まつて居つたが、ピタゴラヌ學派に至つて、

生成變化と靈明學

その注意は世界上の事物間の關係に進まするに至つた。而して、次に問題となるものは、事物といふ其自身ではなく、事物に於ける生成變化の實際にあるのである。

本體界と現象界

こは最早クセノファーネスの思想中に現出して居りたけれども、彼はこれを哲學上より就中宗教に於て見出するのであつた。卽ち彼は世界の本質なるものを常住不變的のものとなし、雜多變化なるものをば、經驗世界の事となして見た。然れども、彼は未だかゝる常住不變の本體界と、雜多變化の現象界との關係に關して、何等かの說明をも與へる事をなさなかつた。故にこゝに於て、問題は二つに分離せらるゝに至り、卽ち一は變化よりして、世界の眞相として見、他面をば吾人の迷妄であるとなし、之を排斥せんとしたのである。

第二章　流轉の哲理

ヘラクリトスの靈明學的觀念

さて世界の眞相を變化せしものとなしたるが、卽ちヘーラクライトスであつた。彼は自身の根本思想とも云ふ可きものは、萬物は流轉して止住すると云ふ事は決してないといふのである。「汝は同じ流に再度入るを得ない、何者、常に新らたに水が流れ來るから」と。

變化流轉

彼の言に從ふならば世界中に於ける如何なるものをも、變化流轉せざるものはないのである。

變化流轉をするのが、これが卽ち世界的の實相といふのであつて、世界中に於ては在りといふものなく、たゝ成るといふものゝ外にはないのである。

生滅變化の哲學

卽ち萬有は生滅變化をなして、止まることは決してないのである。然るに萬物が不斷に生滅變化なしつゝあるにも拘はらず、吾人の經驗によれば、世界といふものは常に同一なる狀態にある如く思はれるゝは何故であらうか、彼はこれを量的關係にあるとなして、卽ち滅するもの

創造と破壞

と生ずるものとの量が、常に同じであるが故である。故に創造は破壞であつて、破壞は創造と云ふていた。

こゝに於て舊形式は新形式によつて代られ。而してかゝる生滅變化とは、當に反對なる過程

生と滅との調和

によつて可能となるのである。反對が一致調和の狀態にあつて、萬有は量的に維持される。一方に滅と云ふものがあるなれば、他方に於ては生と云ふものが必ず存在すべきものである。又萬有はそれが反對の關係にあるが故には、常に活動變化を成して居る。これ卽ち世界的の根本原理と云ふ可きて、かく世界と云ふものを活動的に、然かも活動と云ふ一事に依つて、世界の根

活動一元

本原理であるとなせし其の一點は、明白に彼の思想の活動一元論と云はるゝ所以である。

「世人は相異れる方向に引かるゝものゝ、相和することのあるのを知らない。世界の調和ある

構造は反對的の緊張に懸つて存在するのである。宛かも胡弓及び七絃琴の絃の如し」と。

この正反對なる活動をは直接に熟練し得られないのは何故といふなれば、彼はこれを「隠れたる處の調和」のためであると云ふて居る。

爭闘の禱り

されども反對なる事は、假令、隠れて居る調和であるとは云へ、反對と云ふものがあればこそこゝに始めて活動といふ事が存するのである。この活動が所謂爭闘となるのである。故に、彼は萬物と云ふべき物は即ち爭ひの上にある可きものなりと云つてゐる。「ホメーロスは神及人の間に爭が絶對的に熄まざる事を祈つて居る。――彼は即ち宇宙の滅亡せんことを祈つたこと知らなかつた。もしもホメーロスの祈りによつて、聽許せられしものとするならば、宇宙に於ける萬物は凡べて滅亡し果てたであつたらう」と。これによつて見るも、彼が如何程に爭闘、即ち活動といふことをば、念頭に置いて、考量せしかと云ふ事が推量せられるのである。就中次なる一句は最も有名なるもので「爭ひは萬物の父にして、王である」。との言であつた。

爭ひは萬物の父にして王なり

第三章　流動哲學

斯の如くヘーラクライトスは抽象的に、世界的の根本的原理を論述せし如く見えて居るなれども、當時の思想に於ては全き抽象といふ事は、考量する事は出來なかつたのである。彼はその變化流轉の事實をば、最も完全に表示するものにして、これを火と云ふ事に於て見出さんとした。所謂火なるものは最も活動的のものにして、最も流動的のものである。「凡べてのものは火に替へられ、火は凡べてのものに替へられる。宛かも器物が黃金、黃金が器物に替へられるゝが如く」、であると云つた。

而して彼が火を以てしたることはミレートス學派に於て、水又は空氣を以て、世界の本質と見たるによく類似してゐるけれども、彼の卽ち火とは決して、本質的のものではなく。寧ろ世界的の過程を表示するところの象徵とも見るべきものなり。故に彼は火に對して、次の如き論述して居る。「火の上り道と下り道とは同一的のものである」、卽ちこの上り道と下り道とは、絕對的反對の過程を示すものにして、下り道は火が空氣に變化し、水となり、地となるを云ふて、上り道とは正反對に地より始まりて順次に火となることを意味したるのである。

以上述べたる如く宇宙なるものゝ過程は、彼に於ては、決して偶然であるといふのでもなければ、又氣隨なることにてもなかつた。變化流轉といふても、これは恒常不變の格率卽ち法則の存する處によつて、行はれるものである。「この格率とは神の所造にてもなく、又天の所造にてなき、過去、現在、未來を通じて、永久の火は、この格率によつて明滅しつゝある、この格率は、實に世界の第一原理となして、合理的のものとなした。

彼はこれをばロゴス即ち理性と呼稱なして居る。彼の觀察なしたる世界の實相は、一面事物の變化矛盾によつて活動をなせるものなるも、又他方の活動は事物そのものに存する決定せる一つの根本的法則によつて維持されて居るのである。彼はこの本體に歸因して、次の樣なる倫理說をなしてゐる。それは宇宙間が、ロゴスの法則ばかりにて、規定されて居る如く、人間もこのロゴスの法則に基きて、行動すべきことを語つてゐる。「叡智ある人は萬物の普遍的理性に從ふこと、宛かも市府がその法律に從つてゐるが如きである。何者、凡べて人間の法則といふは、皆この一の普遍的理性に賴つてゐるためである」。「人々はその城塞のために戰ふ樣に、その法に反對せるものと戰はなければならない。」傲慢は火災より、よく消し止むることを要する。」慾と戰ふは難し、もし人最善なれば、一人にして萬人に當する」と。此等の數句によつて見ても、彼が如何にその法則を守るべきものであるかを力說したるかを、容易に知ることが出來るのである。

又、彼は認識論的に、吾人の感覺の迷妄なることを遊べ、吾人及び人生に貫徹せる普遍的法

ロゴスの法則

人間の法則

ロゴスと靈明

則たる「ロゴス」所謂理性の眞なることをば主張して居る。又彼は「耳や目は、もし彼等にあつて、よくその言葉（理法の）を理解することを得ない、靈魂なるものを有して居るなれば人にとつて、惡しき證人となるのである」。と唱へていた。

第三十一卷　靈明學と實體一元論

第一章　エレア學派

エレア學派の哲學

エレア學派は紀元前第五世紀の頃、南イタリーのエレアに起つた學派であるからその名がある。パルメニデースによつて開かれ、ヴエーノーン・メリツソスはその學友である。この一派の思潮が卽ち旣にクセノフアーネスの思想に止宿して居りしため、彼を以て、この一派を開拓せし如く見る史家も多々あるなれども、實際に於ては、パルメニテースを以て、その開祖なるものとなすべきである。

エレア學派の人々も、ヘーラクライトスと同一に、變化と云ふ事にその注意を向けしめたのであるけれども、彼等はその變化を、絕對的にこれを否定せし點に於て、彼の論說と全然正反

一元論的思想

對である立脚地にあるものなり。然れども又兩者ともに、一元論なる思想をば所有して居つたと云ふことは、實に相同じのものと云ふ可きである。而かも共にミレートス學派のそれの如へ、哲學的根本原理とし、一物素に於て説明を成さんとせしにあらずして、事物の過程をば、見出さんとせし事は明白にその思想の進歩を示せるものと云ふべきである。さてエレア學派の中心的思想は、旣に、クセノファネースの宗教觀に止まり、パルメニデースの創設によつて、はじめて純粹概念的考察となりて、こゝに於て形而上學的形式によつて、開展さるゝに至つたのである。クセノファネースの所謂世界と云ふものは、本體界に於ては、一なるものにして全く不變的のものであつて、吾人の見る樣な現象界に於ける變化なるものは、部分的のことに過ぎない。けれどもその本體界に於ける處の不變的なるものと、現象界に於ける變化なるものとが、如何なる關係をば有して居るか。この新らしき問題が、自然的に發生し來ると云ふ事は全く當然なる事實である。これに反對して、ヘーラクライトスは前述の如く、萬有は唯一にして變化である。換言したなれば、世界はその根源に於て、一元のものである故に、そが萬有として成立せんとするには、その一が變化をなしてゆくのである。又變化すると云ふは、そが一元的のものであると云ふ事をば意味なさしめて居るのである。故に一と變化とは、必ずや乖離すべき

形而上學的形式

ものでないと云ふ事を主張なし、こゝに於てはじめて變化流轉をば以て、世界の實相と見たのである。

第二章　一の原質

これに反して、エレア學派は萬有の變化をなすといふことゝ、萬有の一であるといふことは、必ずや相合的のものにはあらず、となして、これは全然、矛盾をなしたる觀察であると見てとつたのである。從つて吾人の觀の如き、世界の生滅變化なるものゝ現象は、これ實に吾人の迷妄なるといふべきで、世界は一にして、不變的のものであらねばならん。而して彼等は、その一であつて、不變である可きものと、これを固定常住の實體に於て見んとして。その實體をば一元論的であると云つたのである。

不變的本質

而して彼等は、萬有なるものゝ一にして、不變的なるものを、左の如く説明をなしてゐる。もしもこゝに所謂變化なる事實を認めしとなして、ある一の原質が變化をなして、萬物を生じたとなせば、一物が滅して、他物が生じたのである。然れども其の時に、後に生ぜしものは、決して初めにありしものではない。こゝに於て在りしもの(初めの物)が無くなり、無かりしもの（後の物）が生ぜしことゝなる。

換言するなれば有が無となり、無から有が生ずると云ふ事である。かゝることが、事實であるとして考へ得られる事であらうか。

合理的本體

吾人はこれをば不合理的と云ふに外はない。或ひは、もしも後刻に生ぜしものが、再び初めにありしものに、復歸するといふ事を見止めたらばどうであらうか、今こゝにこの點について熟考するに、前の場合と全然同一であると知るのである。即ち前の有が無となり無が有となるといふことを、繰り返せしものに過ぎないのである。それが爲めに前の如く同様に不合理に陥るのである。さすれば一の有は他の有となることは決して出來ないと、

一物と他物

同様に一物は他物となり得られない。こゝに於て、有は一であつて、常住不變なるものである。從つて一にして變化といふ如きことは全く不可能なるものである。

第三章　差別の哲理

差別の哲學

然るに吾人が現象界に於て、差別雜多の相をば觀ずるといふ何故であらうか、彼等はこれに答へて、それは實に感覺の迷妄であると。眞理といふものは吾人の思惟の合理性によりて、得

らるゝべきものである。ヅェーノーンは辨證法によつて、感覺の迷妄なることを示して居る。

エレア學派と靈明學

パルメニデース（紀元前五一五年―死亡年不明）は南イタリーのエレアの人であつた。故に彼の學派をレマ學派と稱してゐる。彼の人格は當時一般に尊敬せられ、彼の言行は諸人の模範となつた。彼の著書「自然について」は今その斷片を殘してゐる。

有の哲學

既に述べたる如く、エレア學派の問題となして、提出なしたるところは、如何なる事物が萬有を生ずるかといふ代りに、實際に有りと云はれ得るものは何にであるかといふことであつた。而してパルメニデースはこれを有であると答へた。卽ち彼の學說は有といふ唯一の概念を基點となして、これを論理的に、演繹開展せしものである。

彼の根本思想なるものは、「有のみがありて、非有は絕對になく、又思惟せられ得ず」といふにあつたのである。

第四章　有と無

有と非有

さてヘーラクライトスの如く、生滅變化をば認むるとなせば、そは有が非有より生じて、非有になるとなすならば、非有は無である以上に、有が無より生じて、無となるといふ不合理性のものとなり。又有が有より出でゝ、有となるなれば、有といふ概念は全然同一のものである故を以て、そは自己より出でゝ自己に歸る、即ち同一的のものである。故に有は全く唯一であつて、生滅をなすことはないのである。こゝに於て、非有は存在せざるものであり。何者、無きものが存するといふことは、到底、考量し得られざることである。

不合理性

故に有のみが存在なすのである。從つて現在に於て存するものは過去に、亦未來に於ても常に同一なるものである。さすれば有には、始終と云ふことなくして、永恒常住の現在のみがあるばかりである。一歩進んで有といふものは不動なるものである。何者、もし有が動くとするなれば、それは非有を通過することゝなる。而して非有といふ事は絶對的に存在を成さない。存在のなきものをば通過なすと云ふことは全く無意味なることとなるのである。

分割性と非分割性

これと同一に有は分割せられざるものにして、その理由としてはもしも分割なされ得るとなせば、有の中間には必ずや非有の二つが其間に存することゝなる。而して非有は決して其中間には存在なさゞるものにして、故に上述せし如く、有は唯一的のものにあらねばならぬ。從つて有は又、加へられることもなきものである。然るが故に有は全然不可分割的のものにして、唯一にして不二となるものである。されば有は此處彼處と、其所在を異になすために、多少又は厚薄なる差別のものでは決してない。故に有は不異なるものにして平等である。

第五章　思惟と有

自足完了

球

これらの事實によつて見るのに、有は自足完了せるものにして、この以外に於て何等のあると云はるべきものはない。故に絶對に相對的のものではない。必ずしも絶對なるものである。斯くパルメニデースは有をば以て、抽象的存在と考察せしも、彼はこれを全然具體的に表示せんとなして、有は一中心點より、四圍八方に等しく廣がれる處の圓滿なる球であると。これアナクシマンドロスの所謂ト・アパイロンの如き無際限なるものではない。當時の思想に於いては無際限なるものは、決して圓滿なるものとしては考へる事は出來なかつたのである。彼も實際その思想の範圍をば脱し得られなかつたのである。

又、彼は有と思惟とをば同一視になしたのである。何者、思惟さるゝ事柄は有であらねばいならぬ。有でなきもの卽ち非有はこれを思惟なすことは決して出來ない。さすれば思惟は有の思惟であらねばならない。從つて有の外に思惟さるべきものはない。故に思惟と有とは同一的のものであらねばならんのである。

かくの如く、彼の思想は有といふ一元的なる實體によつて、世界的の根本原理と推定をしたのである。卽ち彼の所謂有の特性となすところは、無始無終、永恒常住、不生不滅、不分不加、不變不動、平等一如、唯一不二なる絕對的存在をば意味するもので、この特性は有といふ一概念より論理的思惟によつて、歸結せし當然であるべき結果と云ふべきである。然れども實際に吾人の觀ずる處の世界といふものは、全くこれと正反對をなせるものであつて、彼はこれを以て感覺の迷妄に歸せしものとして、卽ち現象界は感官に現出したる種々雜多の世界となす。

無始無終

故に眞理は感覺と云ふ觀念より離れて、單に理性的の思惟によるものゝみによつて得られるものとして、彼は感覺及び理性とをば截然區別せんとしたのである。これを尙一步進めて彼の學徒ヴエーノーンによつて、一層嚴密に見解せられて、彼の有論は、ヴエーノーンの辨證法より、一層明瞭とせられたのである。

ヴエーノン

ヴエーノン（紀元前四九〇年頃―四三〇年頃）は、パルメニデースと同鄕にして、その學徒であつた。又彼は政治家であつて、專政君主の掌中より、エレア市を救助せんとなして、つひに雄々しき最後を遂た。

ヴエーノンは其師パルメニデースの說を受け繼きて、而してその論意を證明するにのぞんで、正面より積極的にこれをなす代りに、反面から消極的に、反對論の主張が貫徹せしめんことをば、明白になさんと力めたのである。

彼はそれが爲に、辨證法なるものを利用なして、アリストテレース其辨證を以て、彼に於て開始せられしとせり。辨證法とは我が眞であると信じたるところの反對の觀念をば假定なしてそれを分析開展なし、而してそれが自家撞着に陷ることを示すのであつた。

さてヅエーノーンの辨證法は、二種に分類せられ、その一は雜多を難ずる論にして、その二は運動を難ずる論である。

無限的の最小

先づ彼は論じて曰く(一)もし雜多なるものがあるとするなれば、それは無限小であるのと同時に無限大てあらなければならない。無限小なるは何故であるといへば、相集りて雜多をなす單元の各個は、分量もない不可分的のものであらねばならない。卽ち雜多てある。

さすれば無限的に最小なるものは、量のなきもとせざらん。量のないものをば、如何にして集合なさしめんとしても、それは決局量のないものとして終結を告げるのである。

故に雜多は結局量なきもの卽ち無限小でなければならぬ。これと反對に、もし雜多の中の單元にて、多少の量ありと見るなれば、これをば分離することも出來るのである。

もしも分離し得るものであれば、それは唯一のものなり。故に二つ以上に分離せられし部分は何れも若干なる量が必要なり。されば一個にても若干の量をば有する無數の部分を含有し居るのである。故に斯く無數に多くの部分を有する處のものが集つて居る雜多なるものは、無限大ものでなければならない。

必竟するに雜多は量に關しては無限小であると、同時に無限的大なるものとなる。所謂これ自家撞着である。

(二)又雜多は數に關しても自家撞着となりて、又同時に有限にして無限のものとなるなり。もしも多くのものがあるとするなれば、それは現在にあるものより、多くも小くなきものでない、卽ちその實際であるだけなければいかない。故にその數にして、定つたる所謂有限なり。然るにこゝに二個なるものが二個であらねばいかないのであれば、これを分離せしむるものがなければならない。然らざれば、それは一となり。それをば分つ處の第三者なるものが當然必要なり。更らにその第三者と前二者を分離せしむる、卽ち、第四の者をば要するなり。斯くなすときには全く際限のなきものにして、其れ故に數の概念も不合理のものとなるのである。

次に運動を論じて曰ふに。(一)先づ一定の距離について云ふなれば、こゝにあるものが、甲

哲學的數學問題(一)

點よりて乙點に到るには、必ずやその中點をば通過すべきなり。更らにその中點に到達せんには、甲點と中點との間の中點を通過せねばならない。斯くの如く無限の中點を通過せなければならん。故に運動は不可能なりと。

同(二)

(二)次に決定せる距離に於いて云ふに、斯の韋駄天アキレスが甲點にありて、龜が乙點にありとなし。その時アキレスが乙點に達する時に於いては、龜は既に丙點に位置する。彼が丙點に到著なせば龜は丁點に居ることゝなる。斯くの如くなして、彼が無數の點に到著する度毎に、龜はそれよりも先きの點に位置をなす。故にあるものが一定の距離を飛び越えて他のものに達するといふのは迷妄なりと。

同(三)

(三)又、彼は運動の不可能なるを、飛矢不動の論を以て述べ居れり。卽ち人は飛ぶ矢を動て居ると見て居るけれども、實際はそのやうのものではなく、靜止して居るものである。何者ある一剎那に矢を飛し見るのに、その剎那には、矢は一點にあるなり。然れば次の剎那に於ては次の如きものにあり。然るに點は幾ら連續なしても必ず點なり。故に矢が動くといふことは、畢竟、動かないといふことに歸着すべきもので。卽ち飛ぶ如く見える矢も、眞實は何れの剎那にも動かないものである。

同（四）

（四）又、運動の時間と距離との關係が種々様々なるところより、運動の眞實でないことを云つて居る。例ゑばあるものの甲が他のものとに向つて運動をなすをり、乙が動かずにあるときと、乙が甲に向つて動いて居るときとは、その時間に差違なるものあり。卽ち一時間に、甲は乙に達することもなければ、達せざることもあり。これ考へ得られざることでありと、又ヅエーノーンは虚空の存在を非難したけれども。もし有りと云ふものが、虚空にあつて、而してその虚空がありとするなれば、その虚空は他の虚空の中になけねばならん。斯く如く實に限際といふものはない。

虚空觀念

故に虚空といふ觀念は不合理的のものであつて、實際在りと云ふべきところのものは、たゞ空間を充滿せしむる有のみであつて、有以外に虚空をいふものはない。有以外は全然無である。

時間と空間

以上の如く、ヅエーノーンは雑多及び運動を難じ、更らに有の存在するがためには、空虚の存在を拒否なし、これらの存在を以て、吾人の感覺の迷妄に歸して居れとも、彼の議論は、要する處、時間と空間との、無限に分割し得らるゝことをば假定なして居ることは、彼の辨證法を見たるものは、注意すべき事なのである。これに關して、一々批判をなすことは、暫らく措くことゝする。

メリフソスはサモス島の人にして、紀元前四四二年、アラネの海軍を破つて、名聲を輝かした。メリッソスはパルメニデースの有論を積極的に證明せんとなせり。けれども彼は有の無限なることを主張せり。彼は實在が一でなければならぬためには、無限でなければならない、これは實に不合理なるものなりと。この點は全く明白にアナクシマレドルスの説に接近したるものと云ふべきである。

第卅十二巻　靈明學と元素論

第一章　エムペドクレース

エムペドクレースの哲學

エムペドクレース(紀元前四九〇年頃—四三〇年頃)はアグリゲントに生誕なし、父メトーンと同樣に民主政治のために力を盡くした。

彼は政治家、雄辯家としてばかりでなく、宗敎家、醫家となして、時人に非常に尊敬の念をば受け後、平民の歡心を失墜せしめて、ペロポネッスに遁れ、その一生を果たせり。彼には「自然に就いて」と、「宗敎に就いて」との二詩を殘して居たが、その斷片が存するに過ぎず。又彼は資性沈重、志氣雄大なることゝ相俟つて、想像豐富、語調壯高の人であつた。

以上述べたる諸哲學者は以れも、一元論的見解に於て、世界の根本的原理をば發見なさんとせる點に於ては、相一致をなし居をる。

動的世界觀
靜的世界觀

殊にヘーラクライトスとパルメニデース、即ち動的世界觀と靜的世界觀との對峙は、後世哲學に向つて、重なる處の問題となして、又意味深長なる謎として殘された、こゝに於て、その調和を試みんとなして、出陣したるは、即ちエムペドグレースであつた。

彼によるなれば、世界の本質はパルメニデースの有の如く、決して生滅なるものにはあらず。「何者、如何なるものも、無より生ずる筈はない、又在るものが滅することは出來るものでない、何れに置いても、在るものは常にあるものである」と、然らば吾人の經驗世界に於ける生滅的變化なる事實は、これを如何になして說明せんとするや、彼はこれをば混合と分離とによりて說明せんとせり。即ち混合は物の生起するものであつて、分離は物の消滅すべきものなりとして、

混合

「一物として生滅するものはない、たゞ混合することあるのみであつて、又混合したる分離なすことのあるばかりなり。然るに人はこれを名づけて生滅といふなり」と、而してこの混合分離をなすところのものは、本源的に不生不滅の幾多の元素なり。彼はこれを「諸物の根」と名づけ、

て、地、水、空氣、火の四種であつて、各々獨自の性質を有するものとした。而してこの元素なる觀念(各々の部分の性質を同うし、又性質の變化なく、たゞ機械的に離合なするといふ觀念)は、實に彼に於ては始めて現はせしものである。

離合

第二章　二　動　力

四元素

而して萬物はこの四元素の離合によりて、その形を或ひは現じ、或ひは滅するものなるも、このときに於ける現象、即ち混合の際に於ては、一物の微小部分が他物の小孔、即ち空隙に流れ入りて、分離の節には、それより流れ出づることによりてなさるゝなり。と。

さて四元素に混合分離があるのは、他に何等かの作用をなすべきものがなければならない、然らざれば四元素は不變恒常の自性を保つて居るものなれば決して動くことはない。こゝに於て、エムペドクレースは作用なすものとなして、愛と憎との互に相反する二動力のあるを設けり。即ちこの二動力の相作用をなして萬物は形成されて、破壞さられ。愛は諸元素を混合せしめ、萬物を現じ、憎は諸元素を分離なさしめて、萬物をば沒せしめる。斯く作用せられるものを、截然と區別をなしたるものは實に彼にその端を發したるのである。

愛と憎

されどこれらの二力の作用は常に平均されしものではなき故、世界に於ける變化の過程なるものは、この愛と憎との混合と分離との循環によりて行はれ居るのである。

二力の作用

愛の憎に勝つときには、諸元素は混れて、その全き狀態に到達すれば、全物質は渾然たる一球體をなす。これをファイロスと云ふ。これに反對をして憎が勝つたなれば、分離が行はれ、諸元素は物體をなすこと決してなきものなりと。

一球體

第三章　身體の四元素構成

次に吾人の身體も四元素より成立せる故、外物はその四元素中の同種類によりて、智覺される。例へば水を見て水と知るのは、水の微部が眼中にある處の水と逢着なすことによれるが故で、「吾人は地を以て地を見、水を以て水、空氣を以て空氣、火を以て火、愛を以て愛、憎を見るなり」と云ふのである。

智覺

火を以て火

第三十三卷　閉講の神宣

第一章　靈明行道と諸哲學

超哲學
超科學
超宗敎
超倫理

靈明行道は實に嶄然として西洋東洋の諸哲學の上に超越し、而も之れらを包含することは、上述せる所に依つて諸子の見る所なり。實に、他の諸哲學は皆な我が靈明行道の一部分にして、而も其の枝葉的のものなり。我が靈明行道の如く本元的にして包含的の哲學は未だ實に他に見ざる所なり。尙其の高遠なる哲理は別に著書として示さん。

本元的大哲學

第二章　法と術と學

法と術と學との調和

諸子は第一卷より今に到るまで、實に靈明行道の『法』と『術』と『學』との總べてを傳授せられたり。

三明の偉力

『法』と『術』と『學』と、之を『三明』と云ふ。恰かも鼎に於ける三足の如く、其の一を缺くも未だ靈明行道の堂奧に達する能はず。夫れ、よく學ばざる可けんや。

靈明行動の堂奧

第三章　閉講の辭

擱筆の禱り
名殘りの情緒
最後の宣言
靈禱

以上を以つて、講義も全部終了したるを以つて、玆に擱筆せんとす。今や講の終らんとするや、何となく名殘りの情緒、綿々たるものあり。諸子の幸福を祈りつゝ此の講を結ばんのみ。

尙ほ最後に臨みて一言すべき事あり。諸子は、能く靈明行道の三明に通徹して、一日も早く續々として趣味ある實驗報告を寄せられん事を切望す。

靈明學の出版に就て

一靈明學は非常の多忙と多端の間に稿を草したので、其杜撰の罪は深く諸君に謝する處である。殊に未熟の文章に至りては更に讀むに堪へぬもの多きを恥づるのである。若し版を重ぬるの好時機あらば、大に鄭重に訂正を試みたい希望である。請ふ願くば讀者の寛客なる忍耐を以て匆卒の罪を許し給はんことを希ふものである。

一靈明學は門人のため講述せし筆記なれば通俗を旨としたり。尚靈明學の奥秘を知らんと欲せば予の著靈明學奥義を一讀せられん事を望む

大正十年八月

木原鬼佛識

簡易靈明法

簡易靈明法目次

第三章　發動源の修行法……五
發動源修行の方法——理觀——念觀——腦部の活動——通徹の初步——全腦の空淨。
第壹節　實修の時間
實修の時間——精神の安靜——十分乃至二十分。
第二節　通徹の期間
通徹の期間——五日乃至一週日——二週間の修行。
第三節　通徹と年齡
通徹と年齡——少年——壯年——五十歲以上——從來の實驗——未通徹の人なし。
第四節　通徹の實驗法
通徹の實驗法——全腦の活動——振動——潛動——靈動——活動。
第四章　胸腹部の修行法……八
胸腹部の修行——病根の斷滅——定力の工夫。
第一節　胸部定力の方法
頭部の自得——胸部の定力——後腦の定力——定力の工夫。
第貳節　腹部定力の方法
腹部定力の方法——臍下丹田——心源の淸淨——胃腸の緊縮——定力の充實。
第三節　胸腹通徹の實驗法
胸腹通徹の實驗法——鳩尾。

第三編　餘　論

簡易靈明法目次（終）

簡易靈明法

木原鬼佛講述
心靈哲學會編纂

第一編　總論

第一章　文明の病弊

現代文明
淺薄なる人生觀
人道の綱紀
堅全の文明

現代の文明は幾多の長所を發揚すると同時に、一面には大に憂ふべき象徵を伴つて居る。而して其流弊の中には、皮相なる現實に醉ふて頗る淺薄なる人生觀に甘んずる者が少くない。是れ國家の盛衰に關する大問題であつて決して等閑に附すべからざる事である。人道の綱紀を永遠に維持し、堅全なる文明を創設せんとするには、從來世に流布されつゝあるが如き平凡なる敎義では斷じて効果は擧らない。現代社會の深憂としては人々各自が精神修養の偉大なるを閑却するの傾向があつて、自已的思想旺盛となり薄志弱行の徒は徒らに増加して、彼の剛健雄大

身體の鍛練　呼吸法　靜坐法　婆羅門　神秘的迷信　悲觀と自殺　神佛の托生　斷食　社會的恒心　千古の眞理　現代の病弊

にして社會の指導者ともなり、命令者ともなるが如き眞人物は殆ど見當らないやうになつた。故に社會はその救濟の道を講じ各旗幟を樹てゝその黨類を募る樣に混亂し始めた。或る者は身體の鍛練を説いて呼吸法を敎へ、又精神の修養を叫びて靜坐を示し或は嚴冬に身を水中に沒し、或は裸體にて靜坐を强ひる人があるが、夫等の人の着想もその修練も固より排斥すべき程のものでは無いが、その着想と形式との頗る彼の婆羅門の徒に相似たるものあるは奇とすべきである。

近來の文明人には一面に於て現實病の跋扈すると同時に、他面には頗る迷信的信仰が瀰漫して人智の進歩を無視し、妄りに神祕的の迷信に流れて人類の眞價を閑却するもの多く、或は人類を悲觀して自殺するを聖解なりとする者もある。或は又生活に執着して道德を無視するものあり、或は妄りに神佛の托生を說くもあり、或は草根木皮を食ひ、又斷食するの奇行者もある其他罪障を說く者、或は無神無佛を唱ふる者等種々ありて、社會的恒心の紛亂を生じて來た。是等の病弊に耽溺せる世人を救はんには、その病弊を匡正するに足るの大敎義を有する身心の修養法でなければならぬ。吾人はその要求に應ずるものは只此の靈明法あるのみと信ずるのである。故に之を以て先づ世界の盟主たるべき運命を有せざるべからざる我日本人の現代に於けるの病弊を匡正する唯一の手段として之を宣傳するのである。

第二章　現代の修養法

物質文明の反動として、輓近に至り精神修養法、身心健康法の世に唱導せらるゝこと其幾十種なるを知らず、曰く太靈道、曰く岡田式靜坐法、曰く藤田式息心調和法、曰く檜山式正坐法、曰く土井式强健法、曰く何、曰く何と殆ど枚擧に遑ない程である。それの修養法、健康法の教義や道理を克く呑み込み、その修むべき方法を實踐躬行して眞髓を體得したならば、安心立命も轉迷開悟も、膽力の養成も、意志の鍛練も出來、從つて肉體も無病健全となり得る筈なるに、扨その實際に於ては之を得る人は甚だ稀であつて殆んど九牛の一毛とも云ふべき有樣である。

大靈道
岡田式靜坐法
息心調和法
檜山式靜坐法
土井式强健法
轉迷開悟
膽力の養成
意思の鍛練

これ何れもその修養に多大の努力と時間とを要し、此複雜なる繁劇なる社會に處し、生存競爭の巷に立つて事をしやうと云ふ一般の人にその實行は六ヶ敷い。然るに此の靈明法は世のそれらと異なつて僅少なる時間と、簡單なる方法を以て得たる結果を直ちに實社會に立つて應用し、業務に、勉學に、勞働に人一倍の精力を注ぎ得べき、積極的、實用的の活人術である。世の修養に志あるの士、健康の歡樂に回らんとする人は一願を此の簡易靈明法の上に投ぜられん事を

實行の難易

活人術

切に顧念して止まない次第である。

第二編　簡易靈明法の修行法

第一章　簡易靈明法の修行

身心强健
造化の靈樞
根本的修行
金剛三昧の定力
心身强健の靈果
通徹の妙境

簡易靈明法は、身心强健の根本的修行法にして、造化生々の靈樞を握るものなれば、これを實驗修得せば、身體强健の靈果を治め得る事が出來るのである。而して其本源は自己の腦中に在り。これを得るには學識才能にてはなす事能はず、金剛三昧の定力に依り、發動源に力を集注するをいふ而して此の法を修得するには人に依つて定力の强弱とその優劣によりて遲速緩急の差はあれども、各自疑ふ所なく熱心を以て修行すれば、必ず通徹の妙境に達する事が出來るのである。

第二章　定力の解説

定力
斷惑の工夫

定力とは佛法の惑障を斷ずる方法で、涅槃經に「先ヅ定ヲ以テ動ク」とあるが、これ正身端

一念起滅

坐直ちに一念起滅の地に向つて惑障の本源を根絶するをいふのである。

心氣力

定力に就いて原坦山翁はその定義を與へて曰く、「定力とは灸をスヱルの心地なり」と。定力の解説はこの一句に盡きて居る。卽ち一定の身處に心氣力を込め、且つ其局所に力を集注するをいふのである。普通世にいふ力と稱するものは手足より外部に向つて發動するものであるが、我が唱ふる定力は身體の內部に向つて發動する力を云ふ。

斷惑拔妄

此の工夫によりて斷惑拔妄の參修を爲すのである。

病者の良藥
煩惱の利斧

定力に就いて佛祖の言に曰く「聞思修ノ慧ヲ以テ而モ自ラ增益ス可シ、定力ハ一切ノ病者ノ良藥ナリ」と。又曰く「定力ハ無明煩惱ノ樹ヲ伐ル利斧ナリ」と。始め定力を用ふるは困難であるけれども、行住坐臥その工夫を怠らざれば、何時しか自知する事が出來る。而して修行の効は凡そ繫つて定力の中にあると謂つても差支なくこれに依つて著しき相違が人々により生ずるのである。

第三章　發動源の修行法

發動源修行の方法

發動源卽ち頭部眉間の中心に定力を用ふること、人或は創聞に驚かんも、この簡易靈明法は他の修養法、健康法と全くその趣を異にしてゐるのである。發動源に定力を用ゆる時には、理

観念
理想

観念想を排し身心をなるべく平靜の位置に保ち、身體の前後左右に傾かぬ様坐するのである。

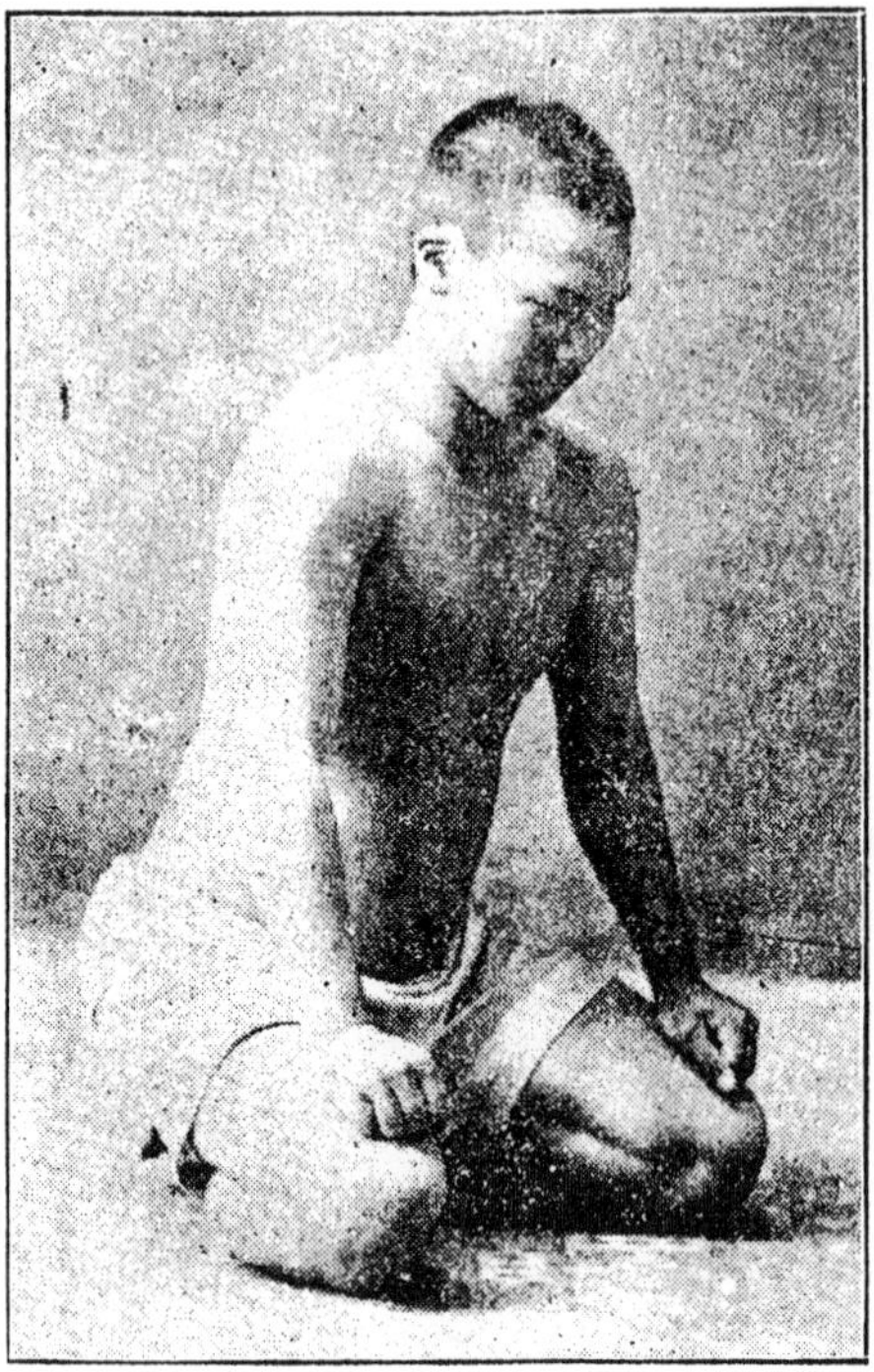

發動源定力の修行

而して足は踵を割つて兩足の拇指が僅かに接する位になして、その上に臀部を安置し、兩手は輕く握りて膝の上に置き、眼は普通の儘でよい。

而して呼吸は自然に任せ、奥齒を輕く合せて、その齒根に力を込め後腦より眉間の發動源に向つて猛勇の定力を集注するのである。

腦部の活動

斯くすれば初めは肩より頸筋にかけ些か凝りを覺え、又人によりては耳鳴りを起す事もあるが、此等の障害に恐るゝ事なく、勵行すれば始めて後腦の微動を覺ゆるに至る。

通徹の初歩

これ通徹の初歩にして、これを前腦部に及す時は、漸次内部に向つて活動を起し、遂に全腦空淨の如くなつてその快言說の及ぶ所にあらず、これ通徹の證である。

全腦の空淨

第一節　實修の時間

實修の時間
十分乃至二十分
精神の安靜

實修時間はその人の都合により適宜に定めてよいが、朝・晝・夜の三回大凡十分乃至二十分間位宛行ふがよい。尙朝起床後は精神の安靜なる時であるから、この時充分の努力を盡して修行すべきである。

第二節　通徹の期間

通徹の期間
五日乃至一週日
二週日の修行

通徹の期間は普通五日乃至一週間とし、遲きも二週間の修行に依つて必ず通徹の妙境に達する事が出來るのである。

第三節　通徹と年齢

通徹と年齢
少年
壯年
五十歳以上
從來の實驗
未通徹の人なし

十歳より十五歳までの少年は容易に通徹し得るものであつて、壯年の人も精力旺盛で、これ亦通徹容易であるが、五十歳以上の人は、自然多數の日數を要す、然れどもその熱心如何に依つては意外に早く通徹する事がある。從來の經驗によれば、如何なる老人にても通徹せざる者は未だ嘗て無いのである。

第四節　通徹の實驗法

通徹の實際法
全腦の活動

發動源に通徹する時は、全腦活動するを以て、人をして頭部に手を觸れしむれば、その活動

振動
靈動
活動
胸腹部の修行
定力の工夫
病根の斷滅

を知る事を得、自己に於ても著しく之れを知る事が出來る。而してこの活動とは、普通いふ振動とか、潜動とかいふものと異なり故意に頭部を振るにあらずして、定力によつて自然的に內部の動く狀態をいふ。之れを活動又は靈動と稱す。自己に於て通徹したるを自覺せば、又次の方法を以てしてもよい。「仰臥して、枕を用ゐ、兩手を以て鳩尾《ミゾオチ》を押へつゝ、後腦に定力を注げば、前腦活動す。」故に其の通徹を自覺するに至らば、次は胸腹部に移るのである。

胸部定力の修行

第四章　胸腹部の修行法

發動源の通徹を了らば漸次胸部、腹部に向つて定力の工夫を要し。發動源の通徹を以て、腦部の清淨を圖ると共に又胸腹部の病根を斷滅せねばならぬ。

胸部定力の方法
頭部の自得
胸部の定力
後脳の定力
定力の工夫
腹部定力の方法
臍下丹田

第一節　胸部定力の方法

胸部に定力の入れ方は、頭部に依つて自得したるものと異なる所はない。先づ前の如く坐して兩手を折りて胸側に擧げ、引き締めながら胸部に定力を注ぐのである。この際にも後脳に定力を入るゝ事を忘れてはならぬ。又最初より餘り強度に過ぐれば、害あるものなればその定力を工夫して過さゞる樣に注意せねばならぬ。胸部の定力を終らば、又腹部に定力を入るゝ工夫を要するのである。

腹部定力の實驗

第二節　腹部定力の方法

腹部は古來より丹田と稱し、臍下に定力を込むる事は普通禪家の修行にして、又現今流行の各修養法の基礎とする所てある。然れどもその心源を閑却して、唯に下腹丹田の修養にのみ努むるは、誤れるも甚しきものである。

心源の清淨

簡易靈明法は、腦部（心源）を第一に清淨ならしめ、それより胸腹部に移るので、本法が從來行はれつゝある修養法と全くその趣を異にして居る所以である。

胃腸の緊縮

定力の充實

腹部に定力を用ふるには、先づ發動源に定力を入れ、而して心持ち腰部より兩股にかけて力を込め、腹部を引締めて內部に向つて力を入るゝのである。初めは意の如くならねども、漸次修行を積むに從つて、下腹に定力の充實するに至る。而して茲に注意すべきは胃腸を緊縮せしめ、決して膨滿せしめてはならぬ。尙初めより强き定力を用ふれば胃腸を害する事があるから、この點は胸部と同樣深く留意せねばならぬ。

第三節　胸腹通徹の實驗法

胸腹通徹の實驗法

鳩尾

胸腹部に通徹したるを覺知せば左の實驗をするのである、「仰臥して後腦及び下腹に定力を入るゝ事五分間許りにして兩手を鳩尾《ミゾオチ》に當つればその鼓動を感ぜざるに至る」是れ胸腹部の通徹の證である。

第五章　修行法餘則

實修の注意

第一節　實修の注意

端坐眞直

簡易靈明法實修の時には、端坐して行ふ事は前述の如くであるが首は眞直にするよりも前へ或は後へ傾けた方がよく定力の入るものである。是等は各自に於て其の工夫が肝要である。

肝要の工夫

第二節　後腦の振動

後腦の振動

岡田式靜坐法、靈子術等の修行を試みたる人は、少しく後腦に力を用ふれば、後腦の振動を覺ゆれども、是れ決して簡易靈明法の眞髓ではない。簡易靈明法に據るものは發動源より定力を用ひて自然に後腦の活動を覺ゆるものでなくてはならぬ。この點は諸氏の誤解なき樣特に注意を促す所である。

後腦の活動

第三節　通徹は不退轉

通徹は不退轉

現時流行の靜坐法、呼吸法等は胸腹部の修行にして一度その效果を治むるとも、若しその修行を怠る時は退轉し易きものである。然れども簡易靈明法により通徹したる時は萬一修行を怠るとも退轉するの憂は決してない。これ他法と純然たる格段ある所以である。

純然たる格段

第四節　定力自在

定力自在

發動源の通徹を終り、胸腹部の修行をも終へたならば、發動源及び胸・腹部の三所（三丹田）

三丹田三所の定力

時間の經濟

に同時に定力を入るゝ事を得。これ時間上にも經濟なるのみならず、その效果も亦著しいものである。

第五節　常時の修行

常時の修行

行住坐臥

對談
勉學
業務
煩悶と疾病

通徹後と雖も行住坐臥、修行に努め、益々全身の營養を盛ならしむる樣せねばならぬ。卽ち人と對談の時、勉學の時、業務の時、歩行の時、常に發動源に定力を入れ、煩悶と疾病の根源を斷つ事を怠つてはならぬ。夜床に就いた時も後腦を枕に押當つる心持にて行ふがよい。兎に角常時の修行が大切である。

第三編　餘　論

第一章　禪と簡易靈明法

物質文明の謳歌

人生の歸趣

禪の妙旨

現代の社會生活は複雜となりて、物質的文明を謳歌する時代となつた。然れどもたゞ科學的の智識のみでこの煩瑣なる活社會に立つて人生の歸趣を究明する事は不可能である。茲に於てか近時宗敎の信仰が各方面に要求せらるゝに至つた。彼の禪の妙旨を參究せんとする人の年を

祖錄提唱
攝心參禪
見性悟道
看話禪
不立文字
默照禪
敎外別傳
語錄公案
妄修の沒工夫
暗證の靜慮
死禪
坐禪定

逐ふて多きを加へ、禪籍の刊行せらるゝもの多く、祖錄提唱・攝心參禪等盛んに行はれ、禪風勃興の時代となつたのも是が爲めである。

凡そ禪は見性悟道の妙法にして、又身を修め、德を進め、世に處し、業を興し、國を治め、家を齊ふるの要術である。古人曰く「夫れ道は禪に非らず、究め難し、坐に非ず、得難し、故に坐觀究理之れを坐禪といふ」と。而して古來より其流弊も亦少くない。彼の「不立文字」「敎外別傳」の名の下に、或は看話禪、或は默照禪などゝ唱え、前者は古人の糟粕を嘗めて、その悟道の足跡に倣ひ、之を自身に實現せんことを焦慮し、後者は眼を蔽ふて殊更に文字を排し、强ひて沈默を守りて古哲の思想に投合せんと努力するのである。古哲の語錄公案を瞥見して、自家研究の參照に資すること必ずしも不可なるものではない。又先進の師友に參して實地の推挽を受くるは最もなことであるけれど、先人の語話に泥みて、難解の語句を强ひて理會せんと努め、又は殊更に耳を掩ひ眼を閉ぢて鎭念を是れ事とし、空しく光陰を度るもの、みな是れ盲修の沒工夫で、偶ま幽閉の境に逍遙するが如き者あるも、これ亦暗證の靜慮といふ形式張りの死禪に過ぎないのである。

要するに是等は其心源を究めず、坐禪定・或は聽聞法の力に一任し、悟りを自然の結果に待つ

聽聞
眞淨界の投入
勇猛心

もので、千百人中三五人は不知不識の間に祕堂に參入し得るならんも、我が簡易靈明法は心源を實驗的に確證して、惑障其物の本據に突貫し、眞淨界に投入するのである。故に勇猛心を抱いて修行して定力を怠らなかつたならば、百人が百人悉く通徹し得るのである。

第二章　柔劍道と簡易靈明法

擊劍
柔道
西洋心醉
敵刄の畏縮

世間の醫家又は衞生家中には、擊劍道に於て竹刀を以て頭部を强打するを見て、頗る不合理のことゝ爲すものがある。それ等の人は、腦髓の大切なることを知るが故に、頭蓋骨を打擊するは直ちに內部の腦髓に惡影響を與ふるものと信ずるからであるが、昔から頭蓋骨を打ち慣らされた擊劍家には滅多に頭痛にかゝる者が無いのみならず、彼等の頭部乃至其身體は一般に强健であつて、西洋心醉者たる醫家や衞生家の頭や胴體よりも常に巖疊である。若し擊劍をなす人が、頭部を打擊される爲に腦に影響あるものならば、身體中に於て何所かに病弱な所を生ずべき筈である。苟も擊劍を稽古する者は、自らその頭蓋骨を硬固にする爲に、寧ろ竹刀にて頭部を打擊されることを好んで居る位なものであるが、擊劍家が頭部を打いるゝことは、實はその頭蓋骨を硬堅ならしむるを目的するのではなくして敵刄に畏縮して眼の眩むことの無からん

禪の學修
靜平虛無
後頭集力法
極意

ことの習慣を養ふのである。卽ち是れ禪の學修である。熟達したる擊劍家が對手に頭部を强打されても毫も瞬かず、又毫もその靜平虛無の念を動かさゞるは一種の修法に就きつゝあるのと見做すことが出來る。夫故にかゝる擊劍家は、打たれて傷痍を受くるも、毫も痛むことなくして安穩である。

又柔道に後頭集力法なる一法があつて、投げられて後頭部を打つ場合に備ふる法で、後腦へ全力を注ぐのであるが、之を我が簡易靈明法によりて稽古すれば、確かにその極意に達する事又容易である。

第三章　自己療法

自己の療法
惑病の根源
治療術
頭重
頭痛
咽喉

簡易靈明法により發動源及び胸腹に定力を込めて惑病の根源を斷滅すれば、如何なる疾病にも罹る事なきが故に、自己療法の如きは此上よりすれば殆ど必要なきものであるが、何等かの事情によりて修行を怠り爲めに疾患を招いた時には、自らそれを治療するの術を知らねばならぬ。既に疾患を有する者は發動源の定力によつて根本を斷ずると共に、又その患部に定力を込めるのである。例へば頭痛・頭重等の場合に前腦に定力を入るゝが如き、又咽喉加答兒にて咽喉

腹痛下痢

の腫れ痛む時、その部に定力を入るゝが如き、又腹痛下痢等の場合に腹部に定力を込むるが如きである。その應用は臨機應變、その人その疾患によつて定めねばならぬ。尚其詳細は第二卷

靈明術

靈明術の第五章靈明自己療法を見られよ。

第四章　簡易靈明法の効果

根本的修行法

無病長壽

簡易靈明法は身心强健の根本的修行法であつて、病氣治療健康增進等の小目的ではない。隨つてこの修養法は單に病人のみの行ふ可きものではなくして、安心立命を得て無病長壽に人類の天職を全うせんとする人の必ず修むべき修行法である。

精神の安立
身體の健全
喜怒樂哀
感情、憎愛
愁鬱、怖畏
淫逸、
寂然不動
宇宙の大我
宗教の信仰
身心一如の
妙境

世人或は精神の安立を言ひ、又身體の健全を言ふ。何をか精神の安立といふ。即ち喜怒哀樂等の諸感情や、憎愛・愁鬱・怖畏・婬逸等の念想に克ちて寂然不動の大精神を得、更に宇宙の大我と合一したる大悟底に到達するものにして、世人或ひは之を禪によつて求めんと欲し、又宗教の信仰によつて求めんと欲す。然れどもその何れも理觀のみに趨りて其心源を窮めず故に時に顚倒するのである。簡易靈明法はその心源たる腦髓の清淨を圖り無明の惑本を斷ずるのであるから、身心一如の妙境に至るのは又當然の理法である。而して世人の欲する彼の膽力の養成

膽力の養成

煩悶の解脱

煩悶の解脱等皆此の範圍內に過ぎぬ。

病根の闡明
腦の明晰
胃腸の健全
身體强健法
精神修養法

何をか身體の健全と云ふ。卽ち身體中些の違和を感ずるなくよく睡りよく食し、活力全身に滿ちて愉々快々人生の享樂を味ふを云ふ。これ現代人の最も欲し而し最も得べからざる所である。此に於てか或ひは靜坐法に趨せ、呼吸法に求め、或は醫學又は藥物に據らんとし、渴者の水を求むるが如し。然れども其の何れも、病となるべき根源を斷ずる事を知らず、只枝葉の問題を云々するに過ぎない。見よ、是等の方法により効果を治めたものその幾分なるか？、簡易靈明法は、卽ちこれまで不明なりし病根を闡明し、發動源よりの定力によりて、これを斷滅して全身の營養を旺ならしむるのである。腦の明晰・胃腸の健全等又附隨の問題たるに過ぎぬ。卽ち簡易靈明法は精神の修養法たると共に、又身體の强健法である。

第五章　婦人と簡易靈明法

健全の國家
世界の大舞臺
健康問題

健全なる國家の發達は健全なる國民に據つて得らる。健全なる國民は健全なる婦人より生る。今や我が國は日本の日本ではない。世界の日本である。我が國民は世界の大舞臺に立つて活躍すべき機運に向つてゐる。此時に方つて婦人の健康問題は又一顧を要する重大事である。

蟄居主義

我が日本の婦人を觀るに、身心共に頗る不健全である。これ從來婦人の蟄居主義の境遇の結果とは言へ、又社會の謬見に基くものである。

幽靈式

近頃までは婦人の體育思想が頗る幼稚で、婦人と言へば只内氣で風にも堪えられぬ幽靈式を貴んだものである。今や日本の婦人は家庭的裝飾品たる地位に甘んじて衣裳と化粧に浮身を窶す時ではない。大に從來の謬見誤想より覺醒して身體と精神を鍛へて行かねばならぬ。

早く自覺せよ

最近女子教育の普及と女子の自覺とにより婦人の社會的地位は漸次向上し體育に關しても種々試みられてゐるが、實際の結果は未だ殆ど言ふ程の域に達してゐないのみならず、女子が自覺的に身心の健全を期せんとしつゝあるのは、只僅かの部分に過ぎない。其大多數は依然舊來の不健全なる型に囚れて婦人は先天的に虚弱多病のものと觀念して居るのである。

婦人の體育

これ玆に吾人は大聲婦人の體育問題を叫ぶ所以である。

時間を要せぬ修養法

玆に於て現時流行の各種健康法・修養法を見るに何れも多大の餘裕と時間とを惜まざるものには大に推奬すべきであるが、今日家庭の夫人としてはその實行は到底不可能である。何となれば全然從來の習慣と家事とを打棄てねばならぬからである。此に於て、婦人の日常生活に適し、而も短時日に効果を治め得べき方法の必要が起つて來る。幸にして簡易靈明法はこの條件に副ふる唯一のものである。

出産の安全胎兒の强健

且つこれに依つて出産の安全なると、胎兒の强健とを得る効ある理想の健康法に於てをや、予は家庭にあつて家事に暇なき人。又將來家庭の人たらんとする人の最良健康法たり、修養法としてこれを推奬して憚らぬものである。

簡易靈明法（終）

大正十年八月十五日印刷
大正十年八月十八日發行

不許複製

非賣品

著作兼發行者　東京府荏原郡入新井村不入斗三八三番地
木原通德

印刷者　東京市神田區小川町三十六番地
武藤正廣

印刷所　東京市神田區小川町三十六番地
成巧社印刷所

發行所　東京府荏原郡入新井村不入斗三八三番地
心靈哲學會
（替振口座東京三三一四五番）

霊明法講授秘録

定価　三二〇〇円＋税

平成十三年　三月五日　復刻版発行
平成十九年十一月三十日　第三刷発行

著者　木原鬼仏

発行　八幡書店
東京都品川区上大崎二―十三―三十五
ニューフジビル二階
電話　〇三（三四四二）八一二九
振替　〇〇一八〇―一―九五一七四